V&R

FRÜHE BILDUNG
UND ERZIEHUNG

Vandenhoeck & Ruprecht

Ursula Günster-Schöning

Ich bin dann mal Erzieherin

Ausbildung und berufliche Realität

Vandenhoeck & Ruprecht

Mit 22 Abbildungen

Bibliografische Information der Deutschen Nationalbibliothek

Die Deutsche Nationalbibliothek verzeichnet diese Publikation in der Deutschen Nationalbibliografie; detaillierte bibliografische Daten sind im Internet über http://dnb.d-nb.de abrufbar.

ISBN 978-3-525-70135-5
ISBN 978-3-647-70135-6 (E-Book)

Umschlagabbildung: Ursula Günster-Schöning

Fotos Seite 13, 31: Mit freundlicher Unterstützung des Moki, Montessori Kinderhaus Coesfeld, http://www.montessori-coesfeld.de

Fotos Seite 43, 63, 75, 93, 117, 135, 147, 167, 168: Mit freundlicher Unterstützung der Betriebskindertagestätte ROKIDS, http://www.rokids.de

Fotos Seite 159: Schöning Fotodesign

http://www.ursula-guenster.de

Satz: SchwabScantechnik, Göttingen
Druck und Bindung: ⊕ Hubert & Co., Göttingen

Inhalt

Vorwort

Das Beste aber, dem du begegnen wirst, werden die Menschen sein.

Theodor Fontane

»Ich bin dann mal ErzieherIn«,[1] denn erziehen kann ja jeder – denkt zumindest ein Großteil der Gesellschaft. Aber ist das auch so? Ich habe mich für diesen Titel entschieden, um Sie zu provozieren und auf die Frage aufmerksam zu machen: Wird man wirklich einfach so mal eben Erzieherin? Ist das wirklich so leicht? Was steht hinter der Berufswahl?

Der Beruf ist ein wesentlicher Teil Ihres gesamten Lebens und beinhaltet schon bei der Wahl viele bewusste als auch unbewusste Aspekte, über die wir häufig gar nicht nachdenken und die uns in der Regel erst im Nachhinein klar werden. Er ist ein zentraler Teil des persönlichen Lebensentwurfs und hat immer etwas mit Wünschen und Bedürfnissen, der eigenen Biografie und den jeweiligen, vielleicht sogar besonderen Lebensumständen zu tun.

Ich arbeite heute als Coach und Trainerin, Dozentin und Seminarleiterin mit pädagogischen Fachkräften und war über zwanzig Jahre in der Elementarpädagogik tätig, sechzehn Jahre davon als Leiterin in einer fünf- und siebengruppigen Kindertagesstätte. Mit sechzehn Jahren habe ich mich ganz bewusst für den Beruf der Erzieherin entschieden. Da die damalige Fachschule überlaufen war, musste ich zunächst zwei Berufspraktika absolvieren. Nach zwei Jahren praktischer Kindergartenarbeit durfte ich endlich mit der eigentlichen fachlichen Ausbildung starten. Ein ganzes Jahr habe ich durchgehalten. Danach das Aus. »Nein, Kindergarten ist doch nichts für mich«, war das Resümee nach drei Jahren experimentellen Wirkens. Es folgte der Neustart im Berufsfeld Industriekaufmann (damals gab es noch nicht die Berufsbezeichnung Industriekauffrau) mit dem Willen, diese Ausbildung zu meistern. Nach einer Woche Tätigkeit in dem neuen Ausbildungsberuf wusste ich allerdings: »Das wird nix.« Trotzdem, ich hielt

1 Der geschlechtsspezifischen Ausdrucksweise gewahr, wird im Folgenden auf die Nennung beider Geschlechter verzichtet – wobei bei jeder genannten Profession Frauen und Männer eingeschlossen sind.

eisern einundfünfzig weitere Wochen durch. Danach das Aus, ein zweites Mal. Vier Jahre waren jetzt vergangen, meine Mutter war mit den Nerven am Ende. Ich war zwanzig Jahre jung und stand wieder am Anfang. Also horchte ich in mich hinein und stellte mir die entscheidende Frage nach meiner Berufsmotivation noch einmal: »Was willst du wirklich machen, mit Schweiß und Herzblut, bis zum Ende deiner Tage?« Und da war es mir auf einmal ganz klar: *Erzieherin*! Ja, ich will Erzieherin werden. Ich möchte mit Kindern arbeiten und diese auf ihrem Weg begleiten. Ich will weitestgehend selbstständig und selbstbestimmt arbeiten. Jeder Tag soll anders sein und neue Herausforderungen bieten. Vor allem will ich mit Menschen zu tun haben.

Die Antwort auf meine damalige Frage liegt heute mehr als zwanzig Jahre zurück. Meine Entscheidung habe ich nie bereut, nicht einen Tag. Okay, meine Berufsausbildung hat durch meine Umwege am Anfang gute acht Jahre, inklusive weiterem Berufspraktikum am Ende der Ausbildung, gedauert, aber ich habe bis heute keinen Tag bedauert. Letztendlich haben die vergangenen Arbeitsjahre mit den unzähligen Kindern und entsprechend vielen Eltern mich und mein Leben sehr geprägt. Aber ebenso habe sicherlich auch ich durch meine Arbeit das Leben etlicher hundert Kinder und deren Eltern beeinflusst und geprägt.

Für mich kann ich sagen, dass die Berufsmotivation, gern mit Menschen, insbesondere mit Kindern zusammen sein zu wollen, mit ihnen zu lachen, zu spielen, zu singen und kreativ mit ihnen zu arbeiten, einen ganz wichtigen Aspekt für eine lebendige Pädagogik in sich trägt.

> Welche Gründe haben Sie eigentlich zu Ihrem Berufswunsch geführt? Welche Wünsche und Interessen verfolgen Sie? Welche Bedürfnisse möchten Sie damit bedienen? Welche Ziele verfolgen Sie?

Dieses Buch ist kein Fachbuch im herkömmlichen Sinn, sondern vielmehr eine Sammlung von Erfahrungen, Fachwissen und Expertenrat. Es ist ein Buch aus der Praxis für die Praxis. Es soll Sie als angehende, bereits aktive oder gar erfahrene Erzieherinnen inspirieren, soll durch das eine oder andere Kapitel bekanntes Wissen auffrischen, aber auch neue Einsichten vermitteln. Zu guter Letzt möchte ich nicht nur durch den Titel, sondern auch durch die eine oder andere angesprochene These provozieren und Sie so zum aktiven Austausch untereinander motivieren.

Die einzelnen Kapitel sind in sich abgeschlossen und behandeln jeweils ein Themenfeld. Von daher muss es nicht von vorne bis hinten gelesen werden. Sie können es als *Hosentaschenbuch* benutzen und portionsweise lesen. Das bedeutet: Sie lesen immer nur das, was Sie gerade interessiert oder beschäftigt. Selbstverständlich können Sie es aber auch im klassischen Stil lesen, indem Sie den Kapiteln folgen und eines nach dem anderen durcharbeiten.

Am Ende eines jeden Kapitels finden Sie passend zum behandelten Thema eine Literaturauswahl zur Vertiefung. In manchen Kapiteln habe ich auch Bilderbuchempfehlungen eingefügt, die gut zum Thema passen oder mir besonders gute Dienste in meiner aktiven Zeit als Erzieherin und Leiterin geleistet haben.

Mein Buch erhebt nicht den Anspruch auf Vollständigkeit, auch werden nicht alle relevanten Themen, die im Kindergartenalltag vorkommen, behandelt. Die Themenauswahl orientiert sich am Alltag, folgt jedoch nicht dem Aufbau der Bildungs- oder Orientierungspläne. Alle Themenfelder dieses Buches sind bundeslandübergreifend wie auch für alle Träger und somit für alle Erzieherinnen relevant.

Ursula Günster-Schöning Meppen, September 2011

ERZIEHERIN WIRD MAN AUS LEIDENSCHAFT

1. Erzieherin wird man aus Leidenschaft

Die Welt ändert sich, und unsere Kinder brauchen nicht immer mehr Wissen. Sie brauchen die Kreativität, um die Dinge, die sie nicht wissen, lösen zu können.
Lisette[1]

Entweder das Herz schlägt für diesen Beruf und man wird Erzieherin aus Leidenschaft – oder eben nicht! Oder, um es mit Lisettes Worten zu sagen: »Ich seh' die Kinder, wie sie sind. Ich überlege nicht, was dreh ich daraus, sondern was ist da alles vorhanden? Sie sind da und sie sind willkommen.«[2] Heute, als Coach und Trainerin für pädagogische Teams, schlägt mein Herz immer noch für Kinder und ich entdecke es in all jenen, mit denen ich arbeite, wieder.

> Wann schlägt Ihr Herz höher? Rufen Sie sich Situationen vor Augen, bei denen Sie sehr stark emotional beteiligt waren und spüren Sie nach, wann die gleichen starken Gefühle in Bezug auf Ihre pädagogische Arbeit aufkommen.

An dieser Stelle sei die ehrliche Frage erlaubt: Was nützt die beste fachliche Kompetenz, wenn die Leidenschaft fehlt? Wir alle haben den gleichen Auftrag als Erziehende: Kinder auf ihrem individuellen Weg in die Welt zu begleiten und ihnen das nahezubringen, was sie als kompetenter Weltbürger brauchen und was für ihr künftiges Leben von Bedeutung ist. Aber wie erreichen wir das?

Zuerst einmal sei gesagt, dass es sich dabei um eine sehr anspruchsvolle und vielschichtige Aufgabe handelt, denn kein Kind gleicht dem anderen und kein Tag ist wie der andere. Die Inhalte und Ziele unserer pädagogischen Arbeit, also das *Was*, werden im Alltag über Bildungspläne, Projektarbeit oder Trägervorgaben bestimmt. Es bleibt das *Wie*?

Mit *Wie* meine ich die innere Haltung, die Grundeinstellung, also die Leidenschaft oder Berufung, die von Anfang an da sein muss, um erfolgreich mit Kindern zu arbeiten. Ich kann auch hier wieder aus meiner eigenen Erfahrung sagen, dass Bindung und Beziehung die Basis für eine gelin-

1 LISETTE UND IHRE KINDER – Ein Dokumentarfilm auf DVD, Produktion: Deutschland, 2008, Regie: Klausmann, Sigrid.

2 Ebd.

gende Frühpädagogik bilden. Ein Kind kann sich nur gut entwickeln, wenn es sich ernst genommen, akzeptiert und geliebt fühlt. Das Kleinkind lässt sich nur auf ein Spiel ein, wenn es Beziehung spürt. Das bedeutet, wenn es ehrliche Zugewandtheit und wohlwollende Liebe erlebt und sich wohlfühlen kann. Ein Schulkind kann nur gut lernen, wenn es weiß, hier werde ich nicht ausgelacht oder vorgeführt, hier sieht man auch meine Stärken und nicht nur meine Schwächen und vor allem: Hier darf ich Fehler machen. Die fehlerfreundliche Lernatmosphäre ermöglicht eigene Erfahrungen, die zu Erkenntnissen führen und dem Kind zeigen: »Ich kann …!«

> Welche Grundhaltungen, Werte und Einstellungen haben Sie in den letzten Jahren beeinflusst oder beeinflussen Sie in Ihrer täglichen Arbeit in der Kindertagesstätte immer noch? Persönliche Stärken sind das A & O in der Arbeit mit Kindern. Oder?
> Schreiben Sie auf, was Sie antreibt.

1.1 Das Bild von der Erzieherin

Erzieherinnen sollten sich immer mit ihrer ganzen Persönlichkeit einbringen. Sie sollten den Kindern ein realistisches und authentisches Vorbild sein. Hört sich schwierig an? – Ist es auch! Da es von uns verlangt, dass wir uns immer wieder mit uns selbst beschäftigen und unser Denken und Handeln reflektieren.

Eine der grundlegenden Fähigkeiten im Spannungsfeld der unterschiedlichen Erwartungen und Ansprüche – sowohl das persönliche Leben als auch die professionelle, qualitätsgeprägte pädagogische Arbeit betreffend – ist die Selbstreflexion und die eigene Weiterentwicklungskompetenz. Realistisch bedeutet in diesem Kontext nicht gut oder schlecht, sondern echt und wirklichkeitsnah. Dies setzt voraus, dass Sie, wie gerade erläutert, bereit sind, sich selbst immer wieder infrage zu stellen, ohne permanent an sich zu zweifeln.

Haben Sie sich vor diesem Hintergrund schon einmal mit Ihrem eigenen *inneren Kind* beschäftigt? Es schlummert in jedem von uns. Wenn wir heute mit Kindern und deren Eltern arbeiten, müssen wir uns immer bewusst machen, dass unsere eigene Biografie, unsere eigenen Erfahrungen, Vorstellungen und Glaubenssätze unser Handeln und Verhalten prägen. Die Selbstreflexion und das bewusste Auseinandersetzen mit der eigenen Identität und Rolle ist eine wichtige Eigenschaft, der gerade Erzieherinnen nachgehen sollten.

Die Identitätsfrage, die sich immer wieder neu stellt, wird nicht nur von uns selbst beantwortet, sondern auch von unserer Umgebung. Kollegen und Eltern, vor allem aber die Kinder, spiegeln uns und zeigen sehr deutlich auf, was uns ausmacht und was eben nicht. Leider fehlt uns häufig die Bereitschaft, diese Rückmeldungen richtig zu interpretieren. Häufig verstehen wir sie als Vorwurf oder Provokation. Der Blick nach innen tut von Zeit zu Zeit nicht nur gut, sondern ermöglicht uns zu wachsen und uns weiterzuentwickeln.

> Überlegen Sie, ob es vielleicht noch innere Überzeugungen oder gar Blockaden, wie z. B. Demütigungen, Beleidigungen oder Enttäuschungen gibt, die Ihrem inneren Kind immer noch wehtun und Ihnen somit heute als erwachsenem Menschen vielleicht im Weg stehen und an denen Sie arbeiten sollten?
>
> Prüfen Sie, ob es wiederkehrende Situationen gibt, in denen Sie immer wieder gleich reagieren, obwohl sie schon vorher wissen, dass es nicht gut ausgeht. Oder anders, wenn Sie bereits im Beruf angekommen sind oder schon jahrelang im Kindergarten arbeiten: Gibt es vielleicht die eine oder andere Kollegin / Mutter / Vater / Vorgesetzte, mit der Sie immer wieder aneinander geraten? Nach dem Motto: »Wenn ich die / den schon sehe …« Oder gibt es Dinge / Situationen / Personen, die Sie bewusst vermeiden, obwohl Sie sich diesen eigentlich stellen sollten? Oder reagieren Sie auf bestimmte Kinder mit ihren Verhaltensweisen besonders ungehalten und Sie wissen nicht, warum oder wie Sie damit angemessen umgehen können? Reflektieren Sie anhand eines konkreten Beispiels, das noch nicht allzu weit zurückliegt: Inwieweit wurde Ihr Handeln durch alte Glaubenssätze oder Denkmuster bestimmt?

Das Glück unseres Lebens hängt von unseren Gedanken ab. Es geht um die Fragen: Warum tun wir etwas und warum nicht? Warum reagieren wir auf bestimmte Dinge und auf andere wiederum nicht? Und vor allem: Wie tun wir etwas? Was beeinflusst unser Denken, Fühlen, Handeln? Ein interessanter Spruch soll diesen Gedankengang abschließen und Sie zum weiteren inneren Dialog (vielleicht mit Ihrem eigenen inneren Kind) einladen:

Was hinter dir liegt und was vor dir liegt,
ist nichts im Vergleich zu dem, was in dir liegt.

Nach Nossrat Pesechkian

Jede von Ihnen hat ihre eigenen persönlichen Stärken (und natürlich auch Schwächen, um die es aber bei der ressourcenorientierten Arbeit nicht geht). In der Arbeit mit Menschen, vor allem mit Kindern, ist es wichtig zu wissen: Wer bin ich? Was kann ich? Neben den individuellen Fähigkeiten und ganz persönlichen Talenten gibt es viele Ressourcen, die in jedem Menschen schlummern. Manche sind stärker, andere schwächer ausgeprägt, einige wollen trainiert werden und einige verschwinden, wenn wir uns nicht um sie kümmern.

Zu den psychischen Ressourcen zählen beispielsweise Selbstwirksamkeitserwartungen und Verhaltenssteuerung, ein positives Selbstkonzept, Umgang mit Emotionen, Problemlösungsfertigkeiten etc. Physische Ressourcen umfassen körperliche Gewandtheit, bestimmte Bewegungsfähigkeiten, Ausdauer, Kraft, Schnelligkeit etc. Soziale Ressourcen beschreiben die Kompetenzen einer Person im Umgang mit anderen. Ressourcen erlauben uns, auch mit belastenden Lebensumständen und persönlichen Problemen konstruktiv umzugehen und schwierige Situationen nicht als Belastung, sondern als Herausforderung zu sehen. Seit geraumer Zeit werden diese Fähigkeiten auch in dem Begriff Resilienz (Widerstandsfähigkeit) zusammengefasst.

Daher bezeichnet man sie auch als Lebenskompetenzen (Life-Skills). Die WHO (Weltgesundheitsorganisation) hat Lebenskompetenzen benannt, die es ermöglichen, dass Menschen Anforderungen nicht als Belastung, sondern als eine produktive Herausforderung erleben. Diese lauten wie folgt:

Individuelle, zwischenmenschliche, kognitive und körperliche Fähigkeiten und Kompetenzen, die es dem Menschen ermöglichen, das eigene Leben zu meistern und zu gestalten sowie Kraft zu entwickeln, mit Veränderungen zu leben und Veränderungen in ihrer Umwelt herbeizuführen.[3]

Diese Lebenskompetenzen sind für den pädagogischen Alltag sehr wichtig. Sie müssen sich besonders in Ihrer Rolle als Erzieherin Ihrer Stärken bewusst sein, denn das Wissen um ihre Lebenskompetenzen gibt Ihnen

---

3 WHO, 1993.

eine Grundsicherheit, auch in äußeren Anbindungen Unterstützung und Halt zu finden.

Erst wenn Sie als Erzieherin diese eigene Sicherheit, mit der positiven Sicht auf Ihre Stärken verinnerlicht haben, sind Sie überhaupt in der Lage zu erkennen, welche Potenziale bei anderen vorhanden sind. Wissen Sie nicht, was Sie können, was in Ihnen steckt, trauen sich selbst nur sehr wenig zu, dann können Sie auch nicht die Möglichkeiten in Ihrem Gegenüber wahrnehmen und entdecken.

Kennen Sie Ihre Stärken? Ihre Talente und Ressourcen? Was macht Sie aus bzw. einmalig? Legen Sie sich hier und jetzt Ihre eigene Kompetenzliste mit Ihren Stärken und Talenten an. Listen Sie auf, was Sie gut können, was Sie als Erzieherin ausmacht und was Sie sich unbedingt bewahren wollen.

Die Liebe zum Beruf und im speziellen die zu den Kindern ist leider eine der größten Fallen im Erziehungsalltag. Wir geben und geben, ohne den *Akku* wieder aufzuladen. Wir meinen alles schaffen zu müssen und ermöglichen Dinge, die oft weit über das normale Maß hinausgehen. Häufig erwarten wir Dank, Lob und Wertschätzung für unsere Arbeit, unser tägliches Bemühen, ernten aber nur Gleichgültigkeit, Missachtung und Kritik. Vieles von unserem Engagement wird als normal abgetan und schlichtweg vorausgesetzt. Ein gesundes Maß an Engagement und Einsatz ist wichtig und richtig. Wer sich aber aus der Liebe zu den Kindern heraus aufopfert, viel mehr arbeitet, ohne entsprechend vergütet zu werden und das häufig über die normale Arbeitszeit hinaus, wer es allen recht machen will und Eltern Sorgen und Nöte jederzeit abzunehmen versucht, wird auf Dauer frustriert werden, dass so wenig an Anerkennung und Wertschätzung zurückkommt.

Leider erlebe ich seit einiger Zeit immer häufiger, dass bei vielen Erzieherinnen die Leidenschaft am Beruf aus den zuvor benannten Gründen langsam schwindet. Zu viele Verpflichtungen, Veränderungen und Stresssituationen haben ihnen den Zugang zum Wesentlichen, den Kindern und ihrer damit verbundenen Arbeit verstellt, sodass sie sich wie ausgebrannt fühlen. Mit dem eigenen Anspruch, allen (Kindern, Eltern, Mitarbeitern, der Leitung und Trägervertretern) im Alltag gerecht zu werden, überfordern sie sich. Auch fordert das mangelnde Wissen um ein gutes Zeit-, Ressourcen-, und Stressmanagement seinen Preis, sodass Kraftreserven schnell erschöpft sind. Hinzu kommt häufig, dass bei vielen Erzieherinnen, die schon länger im Beruf stehen, zu spüren ist, dass ihre Konzepte von Kindheit nicht mehr stimmig sind. Orientiert an der heutigen Kindheit stimmen ihre gemachten Kindheitserfahrungen mit denen heutiger Kinder und Eltern nicht mehr überein. Das führt zu weiterem Frust, Missverständnissen in der Kommunikation und sogar zu innerer Unruhe oder Leere. Kein Wunder also, dass das die Leidenschaft und das Engagement mindert. Der tägliche Spagat wird immer größer und angesichts schlechter Rahmenbedingungen und vielfältiger Herausforderungen fordert er zunehmend seinen Tribut ein. Was in diesen Fällen hilft, ist es sich Hilfe und Unterstützung durch gezielte Weiterbildung, persönliches Coaching und aktive Fallberatung zu holen.

Viele Fortbildungen, Coachings und Workshops habe ich in den letzten zehn Jahren mit pädagogischen Fachkräften bundesweit absolviert. Dabei fiel mir eins immer besonders auf, ganz gleich wie bescheiden die räumlichen und personellen Bedingungen, wie schlecht die Bezahlung und unsicher die Stelle, zu einer thematischen oder persönlichen Weiterbildung waren alle Erzieherinnen immer motiviert und bereit. Dies deckt sich auch mit den Ergebnissen der Kita-Studie der GEW *Wie geht's im Job*,[4] die herausstellte, dass fast alle befragten Erzieherinnen angaben, in den letzten zwölf Monaten eine berufliche Weiterbildung genutzt zu haben. Und das ist nicht selbstverständlich. Es zeigt aber, dass der Beruf eben doch mehr ist als nur ein Job, den man *abreißt*. Glücklicherweise reichen dann auch meistens wenige Impulse, Fragestellungen oder Anregungen, ein entscheidender Funke aus, um das Feuer im Herzen wieder zu entfachen, auf dass es lodert, die wohltuende Wärme und das Knistern wieder zurückkehren. Die vielen schönen Momente mit den Kindern, das Strahlen in ihren Augen, das ehrliche Zu- und Vertrauen, das sie geben, sowie die vielfältigen teilweise kreativen Aufgaben überwiegen dann letztendlich doch, sodass viele Erzieherinnen lebenslang im Beruf bleiben. Von daher mein Appell an die Neuen: Bewahrt euch die Leidenschaft!

Ich empfehle hierzu sich zu Beginn der Berufstätigkeit die Frage zu stellen: Wie gehe ich eigentlich mit Druck, Stress und Erwartungshaltungen um?

---

4 Wie geht's im Job? KiTa-Studie der GEW http://www.gew.de/Binaries/Binary35439/Schilling-Praesentation_Erzieherinnenstudie-PK.pdf.

> Stellen Sie an dieser Stelle eine Liste mit Ihren persönlichen Kraftquellen zusammen, aus denen Sie neue wohltuende Kraft tanken können, die helfen Stress abzubauen, um sich selbst wieder zu sammeln und um die eigenen Ressourcen zu schützen und zu pflegen.

Würde man die Wünsche und Erwartungen aller Beteiligten – von Kindern, Eltern, Kolleginnen, dem Träger und anderen Institutionen – an eine Erzieherin zusammentragen, gäbe es wahrscheinlich viele, die sagen würden: »Das kann ich nicht alles leisten!« Vielleicht würden sie daraufhin auch lieber gar nicht erst Erzieherin sein wollen oder würden sich der Herausforderung zwar stellen, hätten aber ständig das Gefühl den Erwartungen nicht zu genügen. So ist es wichtig, sich seiner eigenen Stärken und Fähigkeiten, vor allem aber der Kraftquellen bewusst zu sein, um die vielfältigen Situationen und Herausforderungen meistern zu können.

Hilfreich ist es sich zu vergegenwärtigen: Niemand muss von Anfang an alles können. Es ist erlaubt Fehler zu machen. Und das gilt vor allem für Erzieherinnen, die ja auch Kindern dieses Recht zugestehen und zu deren Vorbild werden. Ich muss nicht in allem perfekt sein. Ich muss nicht von Anfang an alles können. Gesunde Gelassenheit und die Bereitschaft, an sich zu arbeiten, sind ein Garant für eine realistische Sicht auf die Dinge und Menschen. Niemand kann alles und muss alles können. Man darf sich auch Hilfe holen oder Aufgaben abgeben, die einem als zu groß erscheinen. Wichtig sind die Authentizität und das positive Selbstkonzept auf der einen sowie das Bewusstsein um die eigenen Fähigkeiten auf der anderen Seite. Sich eigene Schwächen eingestehen zu können, um an den Aufgaben und Herausforderungen zu wachsen, ermöglicht erst, dass Menschen echt und vertrauenswürdig wirken. Denn sie stehen zu dem, was sie sagen und was sie ausmacht; Stärken und Fehler eingeschlossen.

Um Vertrauen von Kindern, Eltern und allen anderen am Erziehungsprozess Beteiligten zu erhalten, müssen Sie sich als erstes einmal selbst vertrauen. Dieses Vertrauen spüren die Kinder und lernen damit auch eigenes Selbstvertrauen aufzubauen. Glauben Sie fest daran, dass Sie wie auch die Ihnen anvertrauten Kinder in Ordnung sind. Vertrauen Sie auf die kindliche Entwicklung und den Selbstbildungswillen.

1.2 Das Bild vom Kind

Zuhören, begleiten, Interesse zeigen, Kinder und deren Arbeit wertschätzen und ihnen mit Respekt und Achtung begegnen, sind Haltungen, die das Bild vom Kind prägen. Dieses Bild bejahen in der Regel alle Erzieherinnen sehr. Dennoch fällt es den meistens zunehmend schwer, dieses auch im Alltag aufrechtzuerhalten.

Der Alltag mit seinen vielen Herausforderungen, Aufgaben, Pflichten und Stressmomenten versperrt uns leider den Blick für das Kind. Dabei ist gerade er entscheidend. Allen jungen, frischen Berufseinsteigern möchte ich an dieser Stelle daher zurufen, bewahrt euch dieses Bild vom Kind. Denkt nicht für sie. Sondern denkt zuerst einmal darüber nach, wie Kinder denken, was sie denken und für was sie sich gerade interessieren. Seien Sie achtsam, aufmerksam und neugierig auf das Kind und seine Gedanken.

Her mit dem wunderbaren Leben!

Mit Kindern arbeiten, heißt, gemeinsam mit ihnen die Welt neu entdecken. Seien Sie selbst Forscherin, Entdeckerin und Lernende. Seien Sie offen für die Fragen, Ideen, Gedanken und Talente der Kinder.

Kinder müssen sich ausprobieren, damit sie sich ein eigenes Bild von der Welt machen können. Daher gehen sie auch nie den geraden Weg von A nach B, sondern immer Umwege. Das erweitert ihre Ortskenntnis und führt zu Einsichten und Erkenntnissen. Neugierde, der Motor jeglichen Lernens, treibt sie dabei an. Die Neugierde der Kinder ist ausgerichtet auf Personen, Objekte, Situationen etc. Sie wollen das ganze Leben entdecken und für sich erobern. Wer keine Neugierde mehr hat, kann sich auch nicht weiterentwickeln. Ein Grund, warum auch wir als Frühpädagoginnen uns die eigene Neugierde bewahren und erhalten müssen. Das ist eine wichtige Fähigkeit von Erzieherinnen: neugierig sein! Neugierig auf die Kinder, die Eltern, die Entwicklung, die Welt und das Leben – staunen, begeistert sein und diese Begeisterung weitergeben können. Es ist wichtig, das zündende Feuer zu sein, damit der Funke der Begeisterung auf die Kinder überspringt. Seien Sie wach, interessiert und offen für die kindlichen und gesellschaftlichen Entwicklungen, um mit Neugierde Dinge zu erforschen.

Ferner brauchen Erzieherinnen Geduld und sehr viel Einfühlungsvermögen, um mit Kindern zu arbeiten. Die sogenannte Empathiefähigkeit bildet dabei das Fundament.

Wichtig ist, dass bei der Beobachtung der Kinder keine Fehlersuche im Fokus steht, sondern vielmehr eine Schatzsuche. Es gilt nicht die Schwächen in den Vordergrund zu rücken, sondern die Potenziale und Ressourcen. Erzieherinnen von heute müssen gute Schatzsucher sein und ressourcenorientiert in der Kindertagesstätte arbeiten.

Mit Portfolios kann dies gut gelingen, da sie zweckgerichtete Sammlungen der Arbeiten der Kinder sind, die ihnen die eigenen Anstrengungen, den eigenen Fortschritt und den aktuellen Leistungsstand anzeigen. Sie helfen die Entwicklung der Kinder zielgerichtet zu beobachten und zu dokumentieren, vor allem aber positiv zu fördern. Lerngeschichten, basierend auf den *learning stories* von Margaret Carr, zeigen einen weiteren Weg, wie eine Beobachtungsdokumentation an den fünf Lerndispositionen ausgerichtet sein kann:

1. Interessiert sein,
2. Engagiert sein,
3. Standhalten bei Herausforderungen und Schwierigkeiten,
4. Sich ausdrücken und mitteilen können,
5. An einer Lerngemeinschaft mitwirken und Verantwortung übernehmen.

Das Einfachste ist, dass man Kindern das Gefühl gibt, dass sie angenommen sind, dass sie wichtig sind, dass sie nicht gedemütigt werden, dass sie nicht in Schubläden gepackt werden, dass sie nicht separiert werden, sondern dass man einfach zulässt, dass jeder etwas besonders gut kann und sich das zunutze macht.[5]

Dies ist in Bezug auf die Kinder und auf sich selbst wichtig. Schon in der Krippe kann die Schatzsuche mit Portfolios beginnen.

Der Säugling verfügt über genügend Möglichkeiten, auf das interaktive Geschehen mit den Eltern und sogar zwischen ihnen einzuwirken. Er macht sich verbal und nonverbal bemerkbar, um sich an Interaktionen zu beteiligen. Wenn aber schon der Säugling in begrenztem Sinn als kompetent beschrieben wird, um wie viel mehr ist es dann das heranwachsende, motorisch, intellektuell und sprachlich unabhängiger werdende Kind?"[6]

5 Kahl, R. (2004). Treibhäuser der Zukunft. Weinheim.
6 Tschöpe-Scheffler, S. (2002): Kinder brauchen Wurzeln und Flügel. Mainz, S. 84.

Kinder in diesem Alter haben schon ein recht genaues Bild von ihrer Welt und lernen ständig dazu, saugen alles auf, was sie an Reizen, Informationen und Eindrücken umgibt – wenn wir als Erwachsene sie lassen und die Schätze in ihnen entdecken. Kinder tragen viele Potenziale in sich, die sie brauchen, um ihr Leben zu meistern. Darüber hinaus brauchen sie natürlich auch weiterhin die Unterstützung ihrer Umwelt, sprich der Eltern oder Erzieherinnen, die mit ihnen zusammen die Welt erobern.

Die Aufgabe der Umgebung ist es allerdings nicht, das Kind zu formen und in eine Passform zu quetschen. Vielmehr müssen wir ihm à la Maria Montessori erlauben, sich zu *offenbaren*, müssen die Einmaligkeit seines Wesens ernst nehmen und auf seinen Selbstbildungswillen vertrauen. Wir brauchen und dürfen Kinder demnach nicht nach unseren Vorstellungen in bestimmte Richtungen *er-ziehen*, sondern müssen schauen, was das Kind selbst mitbringt, um daraus Möglichkeiten für unsere Unterstützung in der kindlichen Entwicklung zu erarbeiten.

> Haben Sie sich bereits auf Schatzsuche begeben? Haben Sie Potenziale und Ressourcen bei den Kindern entdeckt? Oder anders, welches Bild vom Kind prägt Ihr Handeln?

Um Kinder ermutigen zu können, neugierig auf die Welt und das Leben zu sein, müssen wir unsere eigenen Fähigkeiten und Talente sowie Ressourcen kennen und diese schützen lernen.

Eine weitere wichtige Voraussetzung, um mit Kindern zu arbeiten, ist die eigene positiv realistische Selbstwahrnehmung und der Glaube an das Kind und seine Fähigkeiten und Talente. Das Kind ist darauf angewiesen, dass seine Bezugsperson an seine Entwicklungsmöglichkeiten glaubt. Dieser Glaube an das Kind überträgt sich, ist wie eine Saat, die wächst und gedeiht. Der Glaube an die unerschöpflichen Möglichkeiten, die in jedem Kind stecken, hilft sie zu realisieren, macht die eigentliche Erziehung und somit Entwicklungsbegleitung aus. Ermutigende Worte wie: »Du kannst es schaffen«, »Du machst Fortschritte«, »Das ist schwierig, aber ich weiß, du wirst eine Lösung finden«, »Ich vertraue auf deine Fähigkeiten« lassen bei Kindern den Glauben an sich selbst wachsen. Fehlen die ermutigenden Worte und dieser echte aufrichtige Glaube im Alltag, kann man allenfalls nur noch von Manipulation sprechen. Denn dann ist es dem Erwachsenen nur noch wichtig, dass die Kinder sich so verhalten, wie er es von ihnen erwartet. Die Überzeugung, dass Kinder sich nur zu einem ordentlichen Menschen entwickeln können, wenn sie die Verhaltensweisen zeigen, die er als wünschenswert ansieht, versperren den positiven, wohlwollenden Blick auf das Kind. Das darf nicht passieren.

An dieser Stelle möchte ich mich an Erich Fromm *anlehnen*, der über die Liebe, und ich beziehe diese Liebe hier auf die uns anvertrauten Kinder, Folgendes schrieb:

Liebe ist aktiv und nicht passiv.
Sie ist geben und nicht nehmen.
Sie entwickelt sich, man verfällt ihr nicht.
Liebe ist eine Macht, die Liebe erzeugt.[7]

Liebe enthält folgende Grundelemente:

1. *Fürsorge,* die tägliche Sorge für das Leben und das Wachstum dessen, was wir lieben.
2. *Verantwortungsgefühl,* die Antwort auf die ausgesprochenen oder unausgesprochenen Bedürfnisse eines anderen Menschen.
3. *Achtung,* den anderen zu sehen, wie er ist und seine einzigartige Individualität wahrzunehmen.
4. *Erkenntnis,* entsteht aus Fürsorge, Verantwortung und Achtung. Ich muss den anderen und mich selbst objektiv erkennen, um das irrational entstellte Bild überwinden zu können, das ich mir von ihm mache.

> Wie sieht Ihre Liebe zu Ihrem Beruf und den Ihnen anvertrauten Kindern aus? Machen Sie sich Gedanken dazu und suchen Sie nach einem Symbol, das Ihnen passend für die damit verbundenen Gefühle und Emotionen erscheint.

Um sich mit Kindern gemeinsam auf den (Entwicklungs-)Weg zu machen, sie zu ermutigen, zu inspirieren und einzuladen, sich die Welt zu erobern, gehört auch, dass wir Kindern aufzeigen, dass ihre Worte und Gedanken wichtig sind. So wichtig sogar, dass sie von uns Erwachsenen aufgeschrieben werden. Notiert auf Zettelchen, in Geschichtsbüchlein, Bildungsbüchern oder eingebunden in Interviews und Lerngeschichten im Portfolio, damit das Kind sein eigenes Lernen und Weiterkommen später nachvollziehen, erkennen und sich daran erinnern kann. Das ist ganz entscheidend, denn über diesen Prozess erkennen Kinder: Ich bin wichtig! Meine

7 Fromm, E. (2005): Die Kunst des Liebens. Berlin.

Gedanken sind wichtig. Ich kann Einfluss nehmen, bewirke etwas, bin ein kompetenter Lerner und bin wichtig für diese Welt. Wenn wir so vorgehen, können Kinder sich positiv wahrnehmen.

Positive Selbstkonzepte sind das Fundament für ein erfülltes und eigenverantwortliches Leben und bilden das Rüstzeug, um ein gutes Leben führen zu können. Dieses positive Selbstkonzept kann sich nur bilden, wenn sich das Kind selbst als Akteur, als wichtigen Bestandteil einer Gruppe, einer Gemeinschaft und letztendlich der Welt erlebt. Es stellt sich die Frage, wie arbeiten wir in der Kita mit den Kindern? Wie sieht das Kita-Konzept aus? Didaktisch-kommunikativ, inhaltlich variabel, systemisch vernetzt, prozessorientiert, Themen einbindend, Kinder partizipierend, situationsorientiert, ganzheitlich, bewegungsaktiv, als Wald- oder Strandkindergarten, stadtteilorientiert, halb,-, teil-, oder ganz offen, partnerschaftlich …?

> Wenn Sie bereits in der Kita arbeiten, reflektieren Sie bitte an dieser Stelle, wie Sie persönlich die Grundarbeitsweise in Ihrer Kita beschreiben würden und was Ihnen persönlich daran besonders gut gefällt. Wenn Sie noch nicht in der Kita arbeiten, überlegen Sie bitte, welche Grundarbeitsweise Ihnen am besten gefallen würde und warum.

Und trotz aller Bemühungen erreicht Erziehung und positive Begleitung nicht alles

Wir haben, und das müssen wir uns immer wieder vor Augen führen, leider oder Gott sei Dank, nur begrenzten Einfluss auf die Entwicklung der Kinder. Wir sind Begleiterinnen und Beobachterinnen, Unterstützerinnen und Impulslieferantinnen –wir sind verantwortlich für ein Teilstück des Lebensweges der uns anvertrauten Kinder. Den Weg des Lebens müssen die Kinder selbst gehen. Das können und dürfen wir ihnen nicht abnehmen. Für uns als Wegbegleiterinnen bedeutet das, dass wir lernen müssen, dieses zu akzeptieren. Daher ist neben der Begleitung auch die Distanz wichtig. Wir können nicht alle Sorgen, Nöte und Probleme der Kinder und Eltern auf uns laden, sonst wird die Last zu groß und verstellt uns den Blick auf das Kind. Offenheit und Interesse ja, aber mit professioneller Nähe und eben auch Distanz. Die uns anvertrauten Kinder gehören uns nicht. Sie sind nicht unsere eigenen Kinder. Wie so oft im Leben ist die goldene Mitte oder Balance zwischen empathischer, liebevoller Nähe und respektvoller, aufmerksamer Distanz der Königsweg, der ein gutes Vorankommen und

Miteinander ermöglicht. So wie Sie auch im Alltag eine Balance zwischen freiem Spiel und angeleiteten, von Ihnen geplanten Angeboten finden, damit sich die Kinder gut entwickeln können und Lernerfolge haben, so bedarf es auch einer Balance zwischen Nähe und Distanz, zwischen kümmern und loslassen, begleiten und gehen lassen, unterstützen und fordern, Freiraum und Grenzen, Toleranz und Beharrlichkeit.

1.3 Erziehungspartnerschaft: Eltern und Schule

Die partnerschaftliche Zusammenarbeit zwischen Erzieherinnen, Lehrerinnen und den Eltern mit dem Ziel, das jeweilige Kind nach besten Kräften in seiner Entwicklung zu unterstützen und zu fördern, ist ein spannendes und wichtiges Ziel. Es ist die Chance und Herausforderung zugleich, neue Dimensionen einer Zusammenarbeit zuzulassen und einzugehen.

Erziehung ist keine ausschließliche Privatsache. Kinder bewegen sich in unterschiedlichen Lebenswelten und so häufig auch in einem täglichen Spannungsfeld zwischen Familie, Schule, Kita, Krippe, Tagesmutter, Hort und gesellschaftlichem Umfeld. In einer sich schnell verändernden Welt ist es umso wichtiger zu überlegen, was unsere Kinder brauchen, um Bindung zu spüren, Beziehungen aufzubauen, positiv zu lernen und sich gut zu entwickeln. Dabei liegt gerade in der Tatsache, dass unsere Kinder sich täglich in verschiedenen Welten bewegen, eine große Chance: Wenn aus dem Nebeneinander von Familie, Kita und Schule, das oft genug als stressig und problematisch empfunden wird, eine bewusste Erziehungspartnerschaft wird, kann das positive Miteinander die Entwicklung der Kinder auf verantwortungsvolle Weise fördern.

Ansätze für eine gute Kooperation von Kita und Eltern sind z. B.:

- Absprache gemeinsamer Aktionen (Hilfe geben, Hilfe annehmen),
- Nicht nörgeln, sondern offen ansprechen und benennen, was stört oder besser/anders gemacht werden kann,
- Austausch von Erfahrungen über den Bildungsstand der Kinder, damit die Arbeit transparent wird,
- Erarbeitung gemeinsamer Bildungsziele für das Kind,
- Unterstützung in familiären Erziehungsfragen (Elternbildung),
- Synergetische Erschließung von Ressourcen für Eltern und Kinder (Eltern sind in der Kita willkommen und bringen sich ein),

- Vernetzung aller für Kinder und Eltern relevanten Einrichtungen,
- Verbesserung der Beziehungen zwischen Eltern und Einrichtungen,
- Erweiterung der Mitbestimmungsmöglichkeiten,
- Erneuerung und Intensivierung der Instrumente der Elternarbeit (Selbstreflexion),
- Entwicklung *neuer* Elternabende, bei denen Eltern in die Planungen und konkreten Ausführungen involviert werden und so selbst zu aktiven Teilnehmern und Akteuren werden.

Die Zusammenarbeit und Vernetzung von Kita und Grundschule nimmt einen immer größeren Stellenwert in Bezug auf gemeinsame Erziehungsverantwortung und Erziehungspartnerschaft ein.

Aus eigener Erfahrung und durch die Zusammenarbeit mit etlichen Bildungshäusern weiß ich allerdings, dass die Kooperation und das Zusammenwachsen von Elementar- und Primarbereich in der Praxis immer noch am Anfang stehen. Der innere Drang der Erzieherinnen nach Kooperation, Selbstbildung und Reflexion steht leider häufig im Gegensatz zu Lehrkräften aus Grundschulen. Hier scheinen der Ansatz und das Bemühen nicht so stark zu sein.

Meiner Meinung nach hat die größere Bereitschaft bei Erzieherinnen etwas mit ihrem Rollenverständnis, dem Vermögen sich selbst infrage zu stellen, dem Anspruch an das eigene Handeln und der Bereitschaft sich immer wieder auf Neues einzulassen, zu tun. Attribute, die sich eigentlich auch jede Grundschullehrerin auf die Fahne schreiben sollte, es aber leider häufig nicht tut.

Zu oft habe ich erlebt, dass zu gemeinsamen Fortbildungen als Kooperationsveranstaltung zwischen Kitas und Grundschulen eingeladen wurde, leider fast ausschließlich Erzieherinnen kamen. Mag sein, dass die Teamentwicklung und die Selbstreflexion bei Erzieherinnen stärker angelegt sind und somit dazu beitragen, stetig an der eigenen fachlichen Kompetenz zu feilen. Mag auch sein, dass Lehrerinnen durch ihren akademischen Grad meinen, dies nicht nötig zu haben. Ich kann nur sagen, sie haben es nötig! Schule muss sich genauso verändern, wie es die Kindergärten in den letzten Jahren getan haben. Entwicklungen, wie die Zunahme erziehungsschwacher oder unwilliger Eltern, von AD(H)S-Kindern, aggressiven Kindern, sozial unsicheren Kindern, der Arbeit mit Portfolios als Lernbegleitung und Dokumentation oder der Öffnung hin zur Inklusion, sind Entwicklungen, die neuer Herangehensweisen und einer modernen Methodik und Didaktik sowie vielfältiger Methoden bedürfen. Auch die Entwicklung der Kitas zu Familienzentren und der Grundschulen zu Ganztagsschulen zeigen auf, dass der demografische Wandel und die bessere Vereinbarkeit von Beruf und Familie nicht nur Kitas eingeholt hat, sondern auch vor den Toren der Grundschulen nicht Halt machen.

Mit Sicherheit gibt es auch sehr engagierte Lehrerinnen, die gewillt sind, sich stetig weiterzuentwickeln und darüber hinaus auch ihre Offenheit für neue Ansätze und Ideen behalten haben. Doch scheint das leider, im Gegensatz zu den Erzieherinnen, der verschwindend kleinere Teil zu sein. Gelingt es künftig nicht, Erzieherinnen und Lehrerinnen, also die Fachkräfte für den Elementar- und Primarbereich, an einen Tisch zu bringen, auf dass diese wirklich vernetzt und übergreifend professionell zusammenarbeiten, werden wir in ein paar Jahren vor einem *No-Go* in der Bildung stehen.

> Kindertagesstätte und Grundschule verbindet der Auftrag, tragfähige Bildungsgrundlagen zu schaffen, dabei die Unterschiedlichkeit der Kinder als Normalität wahrzunehmen und individuelle Lernwege zu unterstützen. Immer muss an Lernprozesse angeknüpft und Begonnenes weitergeführt werden.[8]

Um diesem Anspruch gerecht zu werden und ihn wirklich ernst zu nehmen, müssen sich beide Seiten gleichermaßen auf den Weg machen und im Dialog auf Augenhöhe begegnen. Nutzen Sie als Berufsneuling die Chance, sich einzumischen, indem Sie mit den erfahrenen Kolleginnen im Team neue Wege diskutieren. Legen Sie Ihre Ideale und Vorstellungen offen dar und reiben Sie sich aneinander. Stellen Sie alte Vorgehensweisen infrage und kommen Sie über mögliche oder unmögliche Kooperationen immer wieder ins Gespräch. Nur im stetigen Veränderungsprozess liegt die Beständigkeit.

Und für die *alten Hasen*: Überdenken Sie an dieser Stelle kritisch, wie Ihre Erziehungspartnerschaft mit den Eltern und den Grundschulen aussieht. Listen Sie alle Pros und Contras auf. Überlegen Sie, von welchen *alten Zöpfen* Sie sich trennen müssen und welche Anteile es wert sind, daran festzuhalten. Werfen Sie Ballast ab. Stellen Sie eine Liste mit den Dingen zusammen, die unbedingt neu justiert werden müssen. Und wenn Sie noch nicht im Kindergarten arbeiten – dann überlegen Sie an dieser Stelle, was für Sie eine gute Erziehungspartnerschaft sowohl mit Eltern als auch mit Grundschullehrerinnen beinhalten sollte.

---

8 http://www.grundschulverband.de/fileadmin/standpunkte/Standpunkt_E_P_2.pdf.

Zum Weiterlesen

Becker-Stoll, F. / Nagel, B. (2009): Bildung und Erziehung in Deutschland. Berlin
Bostelmann, A. (2008): Das Portfolio-Konzept für den Kindergarten. Mülheim an der Ruhr
Bostelmann, A. (2008): Das Portfolio-Konzept für die Krippe. Mülheim an der Ruhr
Bostelmann, A. / Boll B. (2010): Kindergarten statt Kummergarten. Frankfurt am Main
Hoffmann, H. / Rabe-Kleberg, U. / Viernickel, S. / Wehrmann, I. / Zimmer R. (2010): Starke Kitas – starke Kinder. Freiburg
Kurtik, Ch. (2010): Erziehen mit Gelassenheit. Stuttgart
Leu, H. / Flämig, K. / Frankenstein, Y. / Koch, S. / Pack, I. / Schneider, K. / Schweiger, M. (2007): Bildungs- und Lerngeschichten: Bildungsprozesse in der frühen Kindheit beobachten, dokumentieren und unterstützen. Weimar
Lueger, D. (2005): Beobachtung leicht gemacht. Berlin
Ott, B. / Käsgen, R. / Ott-Hackmann, H. / Hinrichsen, S. (2007): Die systemische Kita. Weimar
Petermann, U. / Petermann, F. / Koglin, U. (2008): Entwicklungsbeobachtung und -dokumentation. Berlin
Tietze, W. / Viernickel, S. / Dittrich, I. / Gödert, St. / Grenner, K. / Groot-Wilken, B. / Sommerfeld, V. (2003): Pädagogische Qualität in Tageseinrichtungen für Kinder. Weinheim
Wehrmann, I. (2008): Bildung von Anfang an. Weimar

KINDLICHES LERNEN UND FRÜHKINDLICHE BILDUNG! – ALLES KINDERKRAM, ODER WAS?

2. Kindliches Lernen und frühkindliche Bildung! – Alles Kinderkram, oder was?

Bei allem, was man dem Kind beibringt, hindert man es daran, es selbst zu entdecken.

Jean Piaget

Manfred Spitzer, Neurobiologe und Professor für Psychiatrie, erklärt, dass man ohne Kenntnis über die Arbeitsweise des Gehirns auch keine Ahnung davon habe, wie Kinder lernen.[1] Lernen und Bildung gehen Hand in Hand. Lernen macht Bildung erst möglich. Entwicklung und Lernen vollziehen sich nur durch die aktive Auseinandersetzung des Kindes mit seiner Umwelt. Es sind die regelmäßigen Wiederholungen, das Immer-wieder-tun-Dürfen und sich mit einer Sache Auf-tausendundeine-Art-beschäftigten-Können, die die Basis zum erfolgreichen Lernen und Bildung erst möglich machen. Mit allen Sinnen beteiligt sein, begeistert werden und mit Neugierde und intrinsischer Motivation einer Sache immer wieder auf den Grund gehen, ist die Basis für Bildungsprozesse.

Die Gene geben dabei den Rahmen für die Entwicklung des zentralen Nervensystems vor, aber eben nicht, wie eine bestimmte Fähigkeit sich in einem bestimmten Alter ausbildet. Hier spielen vielmehr die Lern- und Lebensbedingungen der Umwelt eine große Rolle.

Je stärker ein Kind selbst an der Erarbeitung von Sachverhalten, Lösen von Problemen, Beschaffung von Informationen oder Umgang mit Experimenten beteiligt ist, desto mehr Erfahrungen kann es sammeln und die dazugehörigen Information abspeichern, verstehen und behalten. Ferner kann es diese Erfahrungen auch später wieder als Wissen abrufen. Wissen bzw. Informationen werden von unserem Gehirn immer in Mustern bzw. Bildern abgespeichert, das bedeutet, unser Gehirn verknüpft neue mit bereits bekannten Informationen, vernetzt sie mit einer Emotion und legt sie auf unserer *Festplatte* zum *Download* ab. Je mehr Sinne an diesem Verarbeitungsprozess beteiligt sind, desto besser gelingen die Verknüpfungen untereinander und die Information gehen in den Langzeitspeicher. Folgendes Sprichwort verdeutlicht uns diesen Prozess:

1 Vgl. Spitzer, M. (2002): Lernen, Gehirnforschung und die Schule des Lebens. Heidelberg.

Erkläre mir die Dinge und ich werde sie vergessen.
Zeige mir die Dinge und ich werde mich erinnern.
Lass es mich tun und erfahren und ich werde verstehen.
LAOTSE

Im Laufe unserer Entwicklung durchläuft unser Gehirn verschiedene Phasen, in denen es besonders offen für Neues ist. Es sind die sogenannten Zeitfenster oder sensiblen Phasen, die sich laut Maria Montessori zu bestimmten Zeiten öffnen und Lernen besonders leicht machen. Den Kindern kann man dann buchstäblich zusehen, wie sie unbewusst, ohne große Mühen und Anstrengung, lernen. Dieser natürliche Entwicklungsdrang ist eng mit den ersten Lernprozessen verbunden und steuert den *absorbierenden Geist* eines Kindes.[2] Daher gibt es beispielsweise auch in den ersten drei Lebensjahren eines Kindes drei spezifische Empfänglichkeiten. Hierbei handelt es sich um die Sensibilität für Ordnung, Bewegung und Sprache. In solch einer Empfänglichkeitsspanne kann das Kind mit Leichtigkeit neue Eigenschaften und Fähigkeiten lernen, muss aber entsprechende Anreize und Angebote vorfinden. Demgegenüber steht, dass unser Gehirn sehr ökonomisch arbeitet. Fehlen also in diesen sensiblen Phasen, in denen das Gehirn besonders offen ist, die Angebote, Informationen und Anreize, kann das Lernen ins Stocken geraten, da sich das sogenannte *Entwicklungsfenster* wieder schließt. Danach kann das Gleiche zwar in der Regel immer noch gelernt werden, bedarf aber mehr Zeit, Übung und Mühe.

So erklärt sich der Anspruch, das kleinkindliche Nervensystem frühzeitig zu stimulieren. Die nicht genutzten Nervenverbindungen (Synapsen, die nicht angeregt wurden) werden stillgelegt und schließlich sogar *abgeschaltet.* Erfolgreiche Nervenbahnen hingegen werden im Gehirn weiter ausgebaut, werden gefestigt und mit anderen Nervenzellen vernetzt, sodass unser Gehirn auch mühelos komplexe und schwierige Prozesse, wie z. B. das Erlernen von Sprache, absolvieren kann.

Das bedeutet jedoch nicht, dass wir schon im Krippenalter damit anfangen müssen, Sprachprogramme zu absolvieren und unsere Kinder mit Informationen und Wissen *vollzustopfen.* Empfehlenswert ist vielmehr der alltägliche und gut dosierte Mix aus Anregung und Zurückhaltung. Merken Sie sich: Viel hilft nicht viel – es gibt auch zu viel, zu ungeeignet, nicht dem Alter und Entwicklungsstand entsprechend. Es kommt daher nicht auf die Fülle der Informationen an, sondern auf die Möglichkeiten der Verarbei-

---

2 Der absorbierende Geist nach Maria Montessori beschreibt die kindliche unbewusste Lernform, die ca. ab dem vierten Lebensjahr durch bewusste Aktivität ergänzt wird.

tung, die wiederum vom Entwicklungsstand und den bereits erworbenen Fähig- und Fertigkeiten abhängig sind. Wie intensiv und vielfältig kann ein Kind sich mit einer Sache beschäftigen? Wie viel Materialerfahrung, Wahrnehmung und experimentelles Tun steckt in der Beschäftigung mit dem Objekt, der Sache oder Situation? Das gesunde Mittelmaß von Anregung, Stimulation, Förderung und Zurückhaltung ist wie so oft der Garant für erfolgreiches Lernen. So lernt ein Kind auch am besten durch Versuch und Irrtum, indem es selbst aktiv ist und durch den Selbstversuch negative sowie positive Erlebnisse durchläuft und verarbeitet.

Reflektieren Sie eine Spielsituation, die Sie bei einem Kind beobachtet haben und stellen sich dazu drei Fragen:

1. Womit beschäftigt sich das Kind gerade?
2. Was ist dabei sein Lerninteresse?
3. Welche Fähigkeiten und Kompetenzen setzt es dabei ein und welche fehlen ihm noch?

2.1 Wollen Kinder überhaupt lernen?

Dies sei hier und jetzt ganz deutlich beantwortet: Ja! Jedes Kind will lernen. Ich habe in meiner langjährigen Berufstätigkeit als Leiterin noch nie ein Kind erlebt, dass sich für gar nichts interessierte. Sicherlich gibt es wissbegierigere Kinder als andere, auch haben Kinder die unterschiedlichsten Vorerfahrungen, wenn sie in die Krippe oder Kita kommen – aber kein Interesse zu lernen? Nein, das habe ich noch nie erlebt. Natürlich gibt es Kinder, die bestimmten Themen gegenüber nicht so offen sind wie andere oder aufgrund mangelnder Kompetenzen versuchen, der einen oder anderen Aktivität oder Herausforderung aus dem Weg zu gehen. Aber von Grund auf will jedes Kind lernen. Es steckt sozusagen in ihnen. Es ist der Selbstentwicklungstrieb, der Lerntrieb, der sie vorantreibt und ermuntert, Dinge immer wieder neu in Angriff zu nehmen und sich die Welt zu eigen zu machen.

Alle Dinge fallen zu Boden! Das ist beispielsweise eine Erkenntnis, die durch das experimentelle Tun erlebt und erfahren wird. Die Erfahrungen mit der Schwerkraft machen Spaß und fördern das aktive Tun. Interessant ist für Kinder, wie die Dinge zu Boden fallen: Sand rieselt, Federn schweben, Wasser plätschert, schwere Dinge fallen schnell mit einem Geräusch zu Boden, geworfene Dinge beschreiben eine Kurve, bevor ihr Weg zum Boden führt. In diesem Fallenlassen untersuchen Kinder die Gesetzmäßigkeit des freien Falls und der Schwerkraft. Alles fließt, fällt, rollt, stürzt, schwebt hinab. Etwas fallen zu lassen, hat ein wenig mit Macht (Eigenwahrnehmung: Ich lasse etwas fallen, ich manipuliere, ich übe Macht aus) zu tun. Es ist für Kinder faszinierend, festzustellen und zu erleben, wie sie mit einfachen Mitteln einen großen Effekt herstellen können.

Es lässt sich also festhalten: Jedes Kind will lernen! – Aber warum ist das so? Dies liegt zum einen daran, dass unser Gehirn nichts lieber tut als zu lernen. Zum anderen ist die fast unendliche Lernfähigkeit das, was uns als Menschen im Vergleich mit anderen Lebewesen ausmacht. Der Drang, immer Neues zu entdecken, zu verstehen und aus Fehlern zu lernen, half schließlich unserer Art im Laufe der Jahrtausende zu überleben. Ein Kind lernt durch Ausprobieren und Tüfteln, Experimentieren und Hantieren, mit allen Sinnen. Interessanterweise hat unser Gehirn zusätzlich zu den natürlichen Trieben wie Essen und Fortpflanzung auch einen sogenannten *Kapiertrieb*. So werden wir von einer natürlichen Neugierde, dem Motor jeglichen Lernens, getrieben, den Dingen immer wieder nachzuspüren und auf den Grund zu gehen. Kinder sind geborene Forscher, Entdecker und Konstrukteure ihrer eigenen Welt. Sie sind neugierig, wissensdurstig und begeisterungsfähig. Sie wollen sich aktiv ein Bild von der Welt machen und handlungsfähiger werden. Wahrnehmung und Bewegung sind für sie die Grundlage dazu. Mit enormer Energie und unbestreitbarem Vergnügen widmen sich Kinder der aktiven Auseinandersetzung mit ihrer Umwelt. Daher lernen Kinder immer. Täglich, stündlich, minütlich – sie können nicht nicht lernen! Kinder wollen einfach wissen, was Sache ist, *erkennen, was die Welt im Innersten zusammenhält*, *Einzelheiten zu einem Ganzen zusammenfügen* und neue Zusammenhänge erkennen. Durch Experimente und Versuche sowie ständiges Wiederholen bestimmter Handlungen machen sie schließlich ihre wertvollen eigenen Erfahrungen. Erfahrungen aus *erster Hand* durch das simple Prinzip: *Learning by doing*!

Überlegen Sie bitte, wie Sie am liebsten lernen? Welche Lernwege und vorrangigen Sinneskanäle nutzen Sie dafür? Beobachten Sie die Kinder, um herauszufinden, welche Lernwege sie nutzen und mit welchen Sinnen sie hauptsächlich beteiligt sind.

2.2 Macht Lernen Spaß?

Der Tübinger Hirnforscher Valentin Braitenberg vertritt die Meinung: »Der Kick der Menschen für das Glücksgefühl beim Lernen ist der ›Aha-Efekt‹ oder das ›Aha-Erlebnis‹.«[3] Braitenberg ist überzeugt, dass »beim Menschen, und nur bei ihm, die Verknüpfung der Vorstellungen zu Gedankenketten oftmals nur auf das eine Ziel hingerichtet ist, die Hirnlust (das Glücksgefühl) zu erleben.«[4] Wenn dem so ist: Warum lernen viele ältere Kinder bzw. Jugendliche und Erwachsene dann so ungern? Einen großen Anteil daran haben negative Erlebnisse mit dem Lernen, vor allem in der Schule. Viele von ihnen wurden beschämt und gedemütigt, haben keine fehlerfreundlichen Lernumgebungen angetroffen und wurden schlichtweg blamiert. Es wurde nicht mit ihren Stärken gearbeitet, sondern sie wurden immer und immer wieder auf ihre Schwächen hingewiesen, mussten vielleicht sogar erleben, wie sich Mitschüler über ihr Scheitern amüsierten. Außerdem erfolgte das Lernen oft in zähen, uninteressanten Einheiten, durch bloßes Konsumieren nach dem Motto: »Ich, Lehrer, erzähle dir mein Wissen und du, Schüler, hörst mir zu.«

Ich bin mir an dieser Stelle den kritischen Stimmen bewusst. Ich weiß, dass in vielen Schulen durchaus Methoden zur Unterrichtsgestaltung einfließen. Dennoch bleibe ich bei dieser Aussage. Ich stütze mich dabei auf meine ureigensten Schulerfahrungen und die Erfahrungen mit meinen eigenen Kindern, aus Elterngesprächen, Beobachtungen bei der Weiterentwicklung ehemaliger Kindergartenkinder und auf Aussagen von Freunden, Bekannten und Eltern, deren Kinder eine Förderung oder Therapie in meinem Lernstudio nutzten. Ich selbst habe zu oft erlebt, dass neugierige, lebensfrohe, wissbegierige Kinder Schule als Bremsklotz ihres Wissensdranges erlebten und ihre Neugierde und Lernmotivation schon nach den ersten Monaten in Ermattung, Enttäuschung und Resignation umkippten. Im Gegensatz zum Kindergarten haben Kinder zu oft in der Schule das Gefühl: »Da glaubt keiner an mich und meine Fähigkeiten«, »Ich muss perfekt sein und darf keine Fehler machen«, »Ich genüge den Ansprüchen und Erwartungen nicht«, »So wie ich bin, darf ich nicht sein.«

---

3 Braitenberg, V. (2009): Das Bild der Welt im Kopf. Tübingen.

4 Ebd.

> An dieser Stelle lade ich Sie ein, den Blick wieder nach innen zu richten. Wie sind Ihre Erfahrungen? Welche Glaubenssätze haben Sie in Punkto Lernen abgespeichert und verinnerlicht? Was glauben Sie: Macht Lernen Spaß? Wenn nein, wie müssten Lernsituationen gestaltet sein, damit sie Spaß machen? Und wenn ja? Wunderbar! Wie erhalten Sie dann auch für Kinder die Lernfreude beim Lernen?

Generell möchte ich nicht so verstanden werden, dass ich grundsätzlich den Lehrern die Schuld an allem geben möchte. Es gibt immer motivierte und engagierte Lehrer sowie eben andere, die das nicht sind. Es sind zum Teil auch die Rahmenbedingungen von Schule (zu große Klassen, ein starres Lehrkonzept und veraltete Strukturen, schlechte Ausstattung und zu wenige Lehrerstunden), zum Teil auch mangelnde Grundvoraussetzungen, die die Kinder mit in die Schule bringen und sie so ständig an die Grenzen ihres Könnens stoßen lassen.

Aktuell ist eine große Orientierungslosigkeit und Anspannung zu spüren, da zu viel und Unausgereiftes an Schule herangetragen wird. Jüngste Beispiele sind der Umsetzungszwang von Inklusion, die Vergleichsarbeiten und der zunehmende Leistungsdruck, die durch die veränderten Werte in unserer Gesellschaft auch vor Kita und Schule nicht halt gemacht haben. Ein normiertes Lernen steht häufig noch im Vordergrund und verdrängt so gleichsam individuelle Lernausgangssituationen, die Spaß und Freude am Lernen bereiten. Kein Wunder also, dass unsere Kinder heute leider immer noch viel mehr negative als positive Lernerfahrungen in der Schule erleben und ständig das Gefühl haben, nicht zu genügen, nichts zu können und nichts wert zu sein. Geschürt wird dieses Gefühl oft durch die Erwartungshaltungen der Eltern und den Druck, den diese auf ihre Kinder ausüben. Mich wundert es nicht, dass bereits Dritt- und Viertklässler in drei Fächern Nachhilfe bekommen, um den Erwartungen und Anforderungen gerecht zu werden. Diese negativen Einflüsse, der permanente Druck, die Angst vor dem Versagen lassen kein positives Erfolgserlebnis aufkommen und wirken sich störend auf den Lernprozess aus. Und gerade das ist es doch, was Lernen eigentlich ausmachen soll, das Glücksgefühl beim Lernen – und nicht die Angst vor dem Versagen.

> Kennen Sie das Gefühl? Die Angst zu versagen? Wie fühlt sich das an? Was passiert parallel zur Emotion im Kopf – was denken Sie in solchen Momenten, um mit der Angst fertig zu werden? Schreiben Sie ein paar Strategien auf, wie wir Kinder in solchen Augenblicken unterstützen und stark machen können, damit sie sich nicht aufgeben, weiter an sich glauben und sich der Angst nicht hingeben.

»Alles, was beim Lernen Freude macht, unterstützt das Gedächtnis«, so sagte es Johann Amos Comenius (Verfasser der *Didactica Magna*) vor 300 Jahren.

Die alte Weisheit, dass Informationen dann am besten verarbeitet werden, wenn sie auf möglichst vielfältige Weise erlebt werden (z. B. gesungen, gereimt, gemalt, gehüpft, gesprungen, gefühlt, somit über alle Sinne erfahren werden – den gesamten Wahrnehmungsapparat anregend) entdeckte bereits Heinrich Pestalozzi (1746–1827). Seine These hieß damals schon: »Eine gute Erziehung müsse mit Kopf, Herz und Hand erfolgen.« Die Grundlagen, die Eltern wie auch Sie als Erzieherin in den ersten Lebensjahren legen, sind die Grundlagen für spätere Lernerfolge der Kinder. Aus entwicklungspsychologischer Sicht formuliert heißt das: »Der Koffer« unserer Kinder ist bereits mit sechs Lebensjahren mit allen Basisfähigkeiten und Schlüsselqualifikationen sowie dem Mindestniveau gepackt. Danach wird nur noch erweitert, aufgefrischt und an bestehendes Wissen angeknüpft.

2.3 Ist Lernen begrenzt?

»Unser Gehirn lernt immer dazu, ob wir wollen oder nicht!« Wer das nicht glaubt, der wird von Säuglingen und Kleinkindern eines Besseren belehrt. Sie beweisen nahezu täglich, dass Lernen kinderleicht ist, Spaß und Freude bereitet und vor allem befriedigend ist. Denn sie sind, wie eingangs erwähnt, Forscher und Entdecker und machen sich tagtäglich die Welt mehr und mehr zu eigen. Sie üben und trainieren nicht nur Laufen und Sprechen lernen, sondern auch das soziale Miteinander und das Problemlösen.

Wir ermutigen sie ständig aufs Neue, loben und wertschätzen ihre Leistung, sei sie noch so gering und banal oder komplex und schwierig, und spornen sie so zu Höchstleistungen an. Laufen lernen ist beispielsweise eine höchst schwierige und komplexe Angelegenheit, vergleichbar mit dem Sprechen lernen. Durch die positive Bestätigung, das Lob und die

Anerkennung des Erwachsenen gewinnen die Kinder zusätzlich zu ihrem natürlichem Bestreben nach Wissen Selbstbestätigung, Selbstvertrauen und Selbstbewusstsein, erleben sich als kompetent, wertvoll und einmalig. Wir können das an dem *Leuchten*, das von innen kommt, erkennen. So ein Leuchten blitzt auf, wenn Kinder mit Interesse bei der Sache sind, selbst etwas schaffen dürfen und dann mit Stolz erkennen und erleben: Ich kann!

Was müssten wir im Kindergarten bewahren und was muss sich in der Schule ändern, um den Erkenntnissen der Neurobiologie gerecht zu werden? Eigentlich das, was beispielsweise Pädagogen wie Montessori vor Jahrzehnten thematisiert haben, die neusten Erkenntnisse der Hirnforschung bestätigen und auch Menschen mit wachem Geist und gutem Bauchgefühl darlegen würden: Den Kindern und später den Schülern nicht möglichst viele Informationen / viel Wissen / viel Stoff eintrichtern wollen, sondern sie zu eigenen Problemlösungen anregen und sie im Selbstversuch die Grenzen von Erfolg und Misserfolg ausloten lassen. Das alles soll auf der Basis von Zugewandtheit, Anerkennung, Wertschätzung, Respekt und Liebe zum Kind geschehen. Eine zentrale Stellung nimmt dabei eine fehlerfreundliche Lernbasis, ein geschützter Raum ein, in dem niemand ausgelacht oder beschämt werden kann. Den Kindern wird so ein Raum geboten, in dem sie spüren:

- hier werde ich als Person respektiert,
- hier haben meine Wünsche und Vorstellungen einen Wert,
- hier kann ich Alltag mitgestalten,
- hier hört man mir zu,
- hier glaubt man an mich,
- hier haben meine Bedürfnisse eine Bedeutung,
- hier wird zugelassen, dass Vielfalt bereichert und eine Chance ist,
- hier darf und kann jeder nach seinen Fähigkeiten tätig werden und erkennen, dass er etwas besonders gut kann.

> Was sollte Ihrer Meinung nach aufhebenswert sein, die Basis bilden oder verändert werden? Überprüfen und diskutieren Sie mit Kolleginnen, welche Haltungen Ihren Alltag beeinflussen und was Ihnen wichtig und wertvoll ist.

Ein besonderes Gewicht sollte auf die frühe Förderung im Vorschulalter gelegt sein – wenn Lernstrategien angelegt und ausgebildet werden. Gerade im Elementarbereich müssen wir den Kindern klare Bildungsstandards und gleichzeitig Orientierung in Form von einer Tagesstruktur, Ritualen und Grenzen bieten, denn Orientierung gibt Sicherheit und macht Lernen und Bildung möglich. Wir sollten als Erziehende immer die Reize im Blick haben, denen unsere Kinder tagtäglich ausgesetzt sind, denn zu viele Reize fluten die Sinne, machen zappelig, nervös und unsicher. Achten Sie also auf eine eher bescheidene Gruppenraumgestaltung und sorgen Sie für ausreichend Freiflächen an den Wänden, an denen sich die Augen ausruhen können. Nicht jede Wand, nicht jedes Fensterbrett muss dekoriert werden. Nicht die Fülle der Informationen ist entscheidend, sondern die Möglichkeiten der Verarbeitung. Positive Lernerlebnisse bringen das Kind schneller zum Ziel und fördern gleichsam sein Selbstvertrauen.

2.4 Kindliches Lernverhalten und Eltern

Jeder Mensch ist ein Individuum und nicht mit anderen vergleichbar. Dies gilt vor allem für Kinder, da sie mit ihrer individuellen Strategie und ihrem einzigartigem Lerntempo lernen. Dies müssen wir uns und vor allem auch den Eltern immer wieder vor Augen führen. Eltern verharren schnell im Vergleich der Kinder untereinander und verlieren dabei das eigene Kind aus dem Blick. Oft ertappen wir sie dabei, dass sie die Leistungen ihrer Kinder mit denen eines anderen Kindes (Nachbarkind / Freund / Kind aus der Gruppe) vergleichen. Jedoch macht gerade die individuelle Annahme und Förderung eines jeden Kindes Erziehung erst erfolgreich. Ich möchte Sie ermuntern, dies an Eltern ehrlich zurückzumelden. Eltern entscheiden maßgeblich darüber, was ein Kind von sich selbst denkt, welche Basisfähigkeiten sich beim Kind herausbilden und welche Lernstrategien es entwickelt. Dieser Verantwortlichkeit müssen sich Eltern sehr bewusst sein. Darauf zu vertrauen, dass Kindergarten und Schule es schon richten werden, ist naiv und verantwortungslos.

Sie müssen sich früh, am besten von Anfang an, um eine vertrauensvolle und aktiv gelebte Erziehungspartnerschaft bemühen, bei der alle am Erziehungsprozess Beteiligten, Erzieherinnen, Eltern und Kinder, in einem Boot sitzen und im Sinne der Kinder den Kurs bestimmen. Erst wenn alle das Ziel kennen, stimmt die Richtung.

Eltern haben nicht nur ein Erziehungsrecht, sondern auch eine Erziehungsverantwortung ihren Kindern gegenüber. Sie sind Experten für ihre Kinder. Die Krippe, der Kindergarten oder die Kindertagesstätte und später die Schule ergänzen, fördern und helfen, die Basis legen jedoch die Eltern.

Bitte lassen Sie sich diese Verantwortung nicht überstülpen. Sie haben ein Recht auf Unterstützung, Abstimmung und Hilfe. Sie arbeiten Familien ergänzend und nicht ersetzend.

Zum Weiterlesen

Braitenberg, V. (2009): Das Bild der Welt im Kopf. Tübingen

Bub, B. (2008): Von der Pflicht zu Führen. Neun Gebote der Bildung. Berlin

Carle, U. / Grabeleu-Szces, D. / Levermann, S. (2007): Sieh mir zu beim Brückenbauen – Kinder in Bildungs- und Übergangsprozessen wahrnehmen, würdigen und fördern. Berlin

Dinkmeyer, Sr. D. / MacKay, G. D. / Dinkmeyer, J. S. / Dinkmeyer, Jr. D. (2008): Step – Das Buch für Erzieherinnen. Kinder wertschätzend und kompetent erziehen. Berlin

Elschenbroich, D. (2001): Weltwissen der Siebenjährigen. München

Hocke, N. (Hrsg.) (2008): Das Bildungsbuch. Dokumentieren im Dialog. Weimar

Jacobs, D. (2009): Die Konzeptionswerkstatt in der Kita. Weimar

Karsten, H. (2009): Entwicklungspsychologische Grundlagen 0–3 Jahre. Berlin

Karsten, H. (2005): Entwicklungspsychologische Grundlagen 4–6 Jahre. Weinheim

Krenz, A. (2007): Psychologie für Erzieherinnen und Erzieher. Berlin

Krenz, A. (2010): Kindorientierte Elementarpädagogik. Göttingen

Liebertz, Ch. (2000): Das Schatzbuch ganzheitlichen Lernens. München

Schlösser, E. (2004): Zusammenarbeit mit Eltern – interkulturell. Münster

Spitzer, M. (2002): Lernen, Gehirnforschung und die Schule des Lebens. Heidelberg

Spitzer, M. (2006): Lernen, die Entdeckung des Selbstverständlichen. Filmdokumentation. Hamburg

DIE NEUN GRUNDBEDÜRFNISSE DER KINDER

3. Die neun Grundbedürfnisse der Kinder

Wohltuende Vielfalt ist ein bunter Garten voller Blumen,
in der keine der anderen ihre Farbe neidet.
Stefan Spiecker

Die Grundbedürfnisse der Kinder wurden mir zum roten Faden für den erzieherischen Alltag. Sie halfen mir, die gesteckten Ziele nicht aus den Augen zu verlieren. Vielleicht sind sie auch Ihnen dienlich, um noch einmal zu reflektieren, welche Grundbedürfnisse Sie bei den Kindern erkennen und erleben. Vielleicht dienen sie Ihnen aber auch als Richtschnur, um sich an ihnen zu orientieren und einen eignen Weg mit den Kindern zu finden.

3.1 Seelische Sicherheit

Jedes Kind hat ein Bedürfnis nach Ruhe, Geborgenheit, Anerkennung, Liebe, Fürsorge, Respekt, Verständnis und Akzeptanz der eigenen Persönlichkeit. Von daher sollten wir von Anfang an die Bindungsfähigkeit unserer Kinder fördern und großen Wert auf eine Vertrauenserziehung legen. Durch eine gute Bindung und Beziehung wird eine erfolgreiche Erziehung ermöglicht. Das beinhaltet Verlässlichkeit und Sicherheit sowie Zutrauen durch Vertrauen. Trauen wir unseren Kindern etwas zu, indem wir auf ihren Selbstlernprozess vertrauen. Geben wir ihnen viel Ermutigung und Anerkennung sowie dosiertes Lob, sodass sie lernen, auch sich selbst zu vertrauen. Jedes Kind möchte in seiner Eigenart angenommen sein, wissen, wo es hingehört und spüren, wo seine Wurzeln (Bindungen) sind. Eine gute Bindungsfähigkeit ist Voraussetzung für jegliches Lernen und das zukünftige Leben.

Wo spüren Sie Bindung, die Ihnen gut tut? Und wie wollen Sie die eigenen positiven Erfahrungen mit Bindung bei Kindern aufbauen? Welche Konzepte kennen Sie? Was wäre Ihnen wichtig?

3.2 Erziehung

Dem Bedürfnis der Kinder nach Erziehung – hinsichtlich Führung, Grenzsetzung und Vermittlung von Werten und Normen – sollten Sie mit klaren Absprachen, Regeln, Grenzen und konsequentem Handeln begegnen. Das schließt aus, dass jedes Kind machen kann, was es will. Grenzen geben den Kindern Sicherheit, Halt und Geborgenheit, da sie somit nicht immer wieder aufs Neue ausprobieren müssen: »Was ist heute erlaubt bzw. morgen verboten?« Kinder brauchen für den Aufbau eines stabilen Selbstbewusstseins Menschen, die ihnen klar aufzeigen: »Bis hierher und nicht weiter!« Gleichzeitig sollten Sie Ihren Kindern den nötigen Freiraum gewähren, den sie brauchen, damit sie die Eigenverantwortlichkeit für ihr Handeln erlernen und sich zu eigenständigen Persönlichkeiten entwickeln können.

Zum Ja-Sagen gehört auch Nein-Sagen. Wir neigen im stressigen Alltag dazu, Kindern nachzugeben und schneller Ja zu sagen, obwohl wir Nein meinen. Kindern jeden Wunsch zu erfüllen, scheint oft die schnellere Lösung zu sein. Langfristig führt dieses Verhalten aber in die Krise. Die scheinbare Zufriedenheit aller kippt auf Dauer in die Unzufriedenheit Einzelner und führt somit in die Sackgasse. Nein-Sagen führt oft unweigerlich sofort zu Konflikten, manchmal auch zu vorübergehenden Berührungsängsten und vielleicht sogar dazu, dass die Kinder sich verweigern. Daher sollten Sie abwägen, wann ein konsequentes Nein angebracht ist und Sie dieses auch durchhalten wollen und können. Denn glauben Sie mir eines: Auf Dauer wird es einfacher, wenn gerade kleine Kinder klare Strukturen erleben und eine liebevolle, aber konsequente Ansage erleben und erkennen, ein Nein bleibt ein Nein und wird nicht zum Vielleicht, Mal sehen oder gar Ja. Also achten Sie darauf: Geben Sie keine vorschnellen Versprechen oder gar Zusagen, die dann nicht eingehalten werden können.

Regeln ersparen Ärger und ständige Diskussionen. Kinder können es gut aushalten, wenn Erwachsene sehr deutlich sagen, was sie wollen und erwarten. Sie wissen, dass ihre Wünsche und Vorstellungen nicht sofort und immer befriedigt werden. Was Kinder allerdings nicht aushalten können, sind Erwachsene, die ihnen den ganzen Tag vormachen, wie gut drauf sie seien und dabei nicht zu ihren Ankündigungen und Ansagen stehen.

Die Ja-Sager (Eltern, Erzieherinnen oder Lehrer) ersparen sich daher natürlich erst einmal all jene Konflikte und die damit verbundenen Reibereien. Doch durch dieses inkonsequente Verhalten der Erziehenden verlieren die Kinder ihnen gegenüber Achtung und Respekt. Das Verhalten der Ja-Sager ist für Kinder auf Dauer unglaubwürdig und führt oft zu weiteren Reibereien und Konflikten sowie letztendlich zum Vorbildverlust. Die prinzipiellen Nein-Sager (also autoritären Typen) sind natürlich in der heutigen Zeit – vor allem Dingen für eine partnerschaftliche Erziehung – auch keine brauchbare Lösung. Kinder müssen spüren, dass sie Einfluss nehmen dürfen und ihre Meinung gewollt und wichtig ist, damit sie Verantwortungsbewusstsein und Selbstständigkeit entwickeln können. Die ideale Lösung liegt daher, wie so oft, dazwischen: Ein nicht enden wollender Spagat zwischen Liebe und Führung und dem Einfordern von Disziplin.

- Führung – in Form von klaren Grenzen und Konsequenzen, Orientierung und Sicherheit.
- Liebe – in Form echter Zugewandtheit, Fürsorge und Herzenswärme, aber auch entsprechendem Freiraum und respektvoller Toleranz vor der Eigenart des Kindes.
- Disziplin – in Form von eingefordertem Verhalten, Aufrichtigkeit, gegenseitigem Respekt und klaren Strukturen.

> Reflektieren Sie für sich, in welchen Situationen Sie zu schnell nachgeben und keine konkreten Grenzen setzen bzw. diese nicht konsequent einhalten. Überlegen Sie, warum es Ihnen schwerfällt, in diesen Situationen bei Ihrem Nein zu bleiben und was Ihnen in der Zukunft helfen könnte.

3.3 Lob, Anerkennung und Ermutigung

Jeder Mensch sehnt sich nach Lob und Anerkennung und besonders Kinder brauchen zudem noch Ermutigung. Bestärken Sie Kinder darin, auf die eigenen Fähigkeiten zu vertrauen und das eigene Geschick immer und immer wieder auszuprobieren, indem Sie z. B. Äußerungen tätigen wie: »Du kannst das schaffen«, »Du machst schon Fortschritte«, »Sicher wird dir das gelingen«, »So wie ich dich kenne, wirst du es gut hinbekommen«, »Ich vertraue deinen Fähigkeiten« etc. Schaffen Sie eine fehlerfreundliche Atmosphäre, in der es erlaubt, ja sogar gewünscht ist, Fehler zu machen. Fehler dürfen und müssen passieren, um daraus zu lernen. Das ist Kindheit, das ist Lernen.

Kein Kind darf dabei beschämt oder erniedrigt werden. Niemand kann wirklich gut etwas lernen, entdecken oder herausfinden, wenn er das Gefühl hat: »Ich kann hier jederzeit ausgelacht werden.« Sie sollten die Kinder ernst nehmen, wertschätzen und ihnen etwas zutrauen. Nur so kann ihr Selbstvertrauen und ihr Selbstwertgefühl wachsen. Je besser Sie dosieren und differenzieren, d. h. so genau wie möglich benennen, was gut war, umso besser können die Kinder es nachvollziehen, annehmen und verinnerlichen.

> Kennen Sie den Unterschied zwischen Ermutigung und Lob? Spüren Sie einmal in sich hinein und überlegen an einem konkret erlebten Beispiel, wie sich für Sie Ermutigung und Lob anfühlte. Diskutieren Sie mit Kolleginnen, welches Feedback Ihrer Meinung nach wichtiger und sinnvoller ist.

3.4 Beständigkeit, Zeit und Rhythmus

Wir leben in einer schnelllebigen, hektisch verplanten Welt. Die Zeit der Kinder wird reglementiert, beschnitten und zerstückelt. Was fehlt, ist Ruhe, einfach mal innehalten und nichts tun, bei sich sein, zur Ruhe kommen und Zeit haben. Zeit ist jedoch zu einem sehr kostbaren Gut geworden. Die Terminkalender der Kinder quellen über und die Zeit zum Spielen und für Ruhe ist häufig auf ein Minimum reduziert oder fehlt gänzlich. Viele Kinder finden in ihrer Familie nicht mehr die Beständigkeit, Struktur und Ruhe, die sie brauchen, um sich positiv zu entwickeln. Doch wo bleibt die Zeit für die Kinder? Wer fragt nach ihren Bedürfnissen und Vorstellungen? Kinder wollen Beständigkeit. Kinder wollen Sicherheit und Geborgenheit und vor allen Dingen Struktur, z. B. in Form von lieb gewonnenen Wiederholungen: immer das Gleiche zur gleichen Zeit. Daher lieben Kinder Rituale wie das Zu-Bett-geh-Ritual, das Geburtstags-Ritual, das Verabschiedungs-Ritual usw. Und aus dem gleichen Grund hassen sie beispielsweise spontane Änderungen der Tagesstruktur oder spontane Entscheidungen, die ihr Leben in Unordnung bringen (z. B. heute das Mittagessen um 12.00 Uhr, morgen um 13.30 Uhr und übermorgen einmal gar nicht).

Kinder wollen Vertrautes, wie z. B. einen festen Tagesablauf mit klaren Zeiten für bestimmte Aktivitäten. Gestalten Sie den Tagesablauf im Kindergarten daher so, dass Kinder diesen nachvollziehen können. Es eignet sich z. B. ein Wochenplaner, der jeden Tag mit einer anderen Farbe hervorhebt und die unterschiedlichen Aktivitäten mit Symbolen darstellt. Binden Sie die Kinder mit ein, machen Sie das Leben für die Kinder überschaubar.

Klare Essenszeiten und Zu-Bett-geh-Zeiten (Krippe), feste Zeit für Aktivitäten oder Angebote. Sorgen Sie für ein Mindestmaß an Ordnung und Transparenz, damit sich die Kinder wohlfühlen und zur (inneren) Ruhe finden können.

Kinder wollen gern immer mit den gleichen Menschen, z. B. Erzieherinnen, Kindern, Freunden im Kindergarten, zusammen sein. Sie lieben einen festen Personenkreis und eine stabile Bindung zu bestimmten Bezugspersonen. Dies ist besonders für Krippenkinder wichtig. Man kennt sich und vertraut sich. Sie erleben Menschen immer wieder in bestimmten Rollen, können Dinge immer wieder an bestimmten Orten zur gleichen Zeit tun und erleben darin einen Rhythmus von wiederkehrenden Aktionen, wie z. B. dem Begrüßungsritual bei der Ankunft in der Krippe oder im Kindergarten.

Kinder lieben aus diesem Grund auch Feste wie Weihnachten oder Geburtstage, die immer wieder nach gleichem Schema oder Muster ablaufen. Je kleiner die Kinder sind, desto größer ist der Wunsch nach Ritualen. Dieses Grundbedürfnis nach Wiederholungen ist auch der Grund, warum sie sich mit Hochgenuss ein Buch zum zehnten Mal vorlesen lassen oder darauf bestehen, dass nun dieses oder jenes immer zur gleichen Zeit, am gleichen Ort stattfinden soll. Spätestens jetzt stellt sich die Frage, wie Kinder dann die ständig wechselnden Kontaktpersonen, wie die wechselnden Erzieherinnen, die Tagesmutter, den Babysitter und die Nachmittagsbetreuung durch die Nachbarin verkraften sollen und darüber hinaus lernen, wie man stabile Beziehungen oder Freundschaften aufbaut? Wie sollen sie zu einem eigenen Rhythmus finden, wenn ihr Leben unstrukturiert und chaotisch abläuft? Oder wenn ihre Spielzeit am Nachmittag durch zu viele Termine stark reglementiert wird, wie z. B. montags: Singkreis, dienstags: Frühenglisch, mittwochs: Schwimmen und am Freitag: Mal- und Kreativschule.

Viele Kinder haben heutzutage einen umfangreicheren Terminkalender als mancher Erwachsene. Dabei sollten wir doch bedenken, dass Kinder mehr Zeit brauchen und ein völlig anderes Zeitgefühl haben als wir Erwachsenen. Bitte verschließen Sie als zukünftige oder bereits verantwortlich tätige Erzieherin Ihre Augen nicht davor. Kommen Sie mit Eltern darüber ins Gespräch, beraten Sie ehrlich und stellen Sie zugewandt und freundlich infrage, ob dem vierjährigen Kind wirklich drei bis vier verbindliche Termine innerhalb einer Woche gut tun? Wo bleibt da die Zeit für spontane Verabredungen zum Spielen? Helfen Sie Eltern eine gute Entscheidung zu finden, wägen Sie mit Ihnen gemeinsam ab, wie viel Freizeitkonsum dem Kind zuzumuten ist, auch wenn alles gut gemeint und alle Angebote für sich bestimmt sehr interessant sind: weniger ist oft mehr.

Ich habe häufig erlebt, dass Eltern dankbar sind, wenn man sie offen und ehrlich, jedoch respektvoll und nicht vorwurfsvoll darauf anspricht und sie gleichsam berät, welches Angebot sinnvoll ist und welches vielleicht gestrichen werden kann. Teilweise waren die Eltern im Nachhinein froh und schlichtweg entlastet, dass durch das ehrliche Benennen der Druck genommen wurde, alles vorhalten zu müssen, um gute Eltern zu sein.

Kindergartenkinder brauchen sehr viel Zeit zum Spielen. Denn darüber erschließen sie sich die Welt, befriedigen ihre Bedürfnisse, verarbeiten erlebte Prozesse, eignen sich ihre Widerstandsfähigkeit an und machen ureigene Erfahrungen. Kinder vertragen es sehr schlecht, wenn sie immer wieder aus einer Spielsituation herausgerissen werden. Obwohl Eltern in der Regel aus guten Absichten heraus handeln, verfallen sie oft den vielen Angeboten und Werbekampagnen, sodass sie glauben, den Kindern ständig etwas bieten zu müssen: am Wochenende, in den Ferien oder sogar während der Woche. So fahren sie dann mit ihren Kindern zu vielen Veranstaltungen, an immer neue Orte. Wenn Kinder sich jedoch so häufig auf neue Situationen, Aktionen und Menschen einlassen müssen, fördern wir im Prinzip die Unruhe der Kinder. Ein Leben im Eiltempo – eine endlose Aneinanderreihung von Aktionen –, zum Verweilen und Wiederholen bleibt da keine Zeit, sodass trotz der vielen scheinbar spektakulären Aktionen oft nur innere Leere zurückbleibt. Für das Verarbeiten fehlt die Zeit.

Dabei müssen Eltern, aber auch wir Erzieherinnen, Kindern gar nicht ständig etwas bieten. Vielmehr brauchen sie Zeit und Ruhe. Zeit zum Zuhören, Zeit zum Spielen, Zeit für experimentelles Tun und für emotionale Nähe. Leben und Lernen kann nur gut gelingen, wenn eine liebevolle Atmosphäre vorherrscht und das Leben ein Mindestmaß an Ordnung, Ruhe und Beständigkeit bereithält und nach einem bestimmten Rhythmus verläuft. Dieser Rhythmus muss für die Kinder einschätzbar und wahrnehmbar sein, damit er zum Alltags-Rhythmus wird. Verlässlich, stabil, überschaubar. Denken Sie nur einmal in diesem Zusammenhang an unseren Herzschlag, unseren Atem. Wieso funktioniert das alles ohne große Anstrengungen? Weil es nach einem immer gleichen Vorgang bzw. Prinzip verläuft.

Rhythmus = ein Vorgang geschieht:

1. an einem bestimmten Ort,
2. auf eine bestimmte Weise,
3. in einem bestimmten Zeitintervall, mit einer Pause und dann wieder von vorn.

Wenn Kinder einen solchen Rhythmus, solche Strukturen im Alltag nicht vorfinden und stattdessen erfahren, dass ihr Leben nicht nach festen Regeln stattfindet, sondern immer nach einem spontanen Gefühl oder nach einer spontanen Entscheidung, hat das Konsequenzen für ihre Entwicklung. Dies zeigt sich häufig in Zappeligkeit und in Unausgeglichenheit. Sie finden im Kindergarten oft schlecht ins Spiel oder sind sehr sprunghaft. Oft entwickelt sich daraus eine notorische Unruhe und manchmal sogar Aggressivität, da die Kinder sich nicht oder nur sehr schwer auf eine Sache voll und ganz einlassen können und am Ende sogar auf sich selbst wütend werden. Sie sind im übertragenen Sinn immer auf dem Sprung oder stehen unter Strom und müssen sich zum eigenen Schutz immer und immer wieder entladen.

Dieses Entladen hat natürlich Konsequenzen und Auswirkungen für alle anderen. Besonders im Kindergarten fallen diese Kinder unangenehm in der Gruppe auf und rücken in eine Außenseiterrolle. Zum einen sind sie für die anderen Kinder keine attraktiven Spielpartner, da sie nicht verlässlich präsent sind und im Spiel bleiben. Zum anderen bekommen diese Kinder durch ihre Unaufmerksamkeit oft keine Zusammenhänge mit. Ihr Leben erstreckt sich nur auf Teilstücke bzw. Einzelaktionen. Man muss sich das wie ein Puzzle vorstellen. Jedes einzelne Fragment (jede einzelne Aktion) ist zwar interessant und spannend, aber erst wenn die Summe der Teile zu einem Ganzen zusammengebracht wird (die Informationen sich sozusagen zu einem Bild formen), ergibt sich ein Sinn und Befriedigung entsteht. Diese Befriedigung stellt sich jedoch bei diesen Kindern nicht ein, da sie ja immer nur Teile des Ganzen erleben. Ferner kann sich durch Fragmente oder Teilstücke erlangtes Wissen oft nicht richtig abspeichern. Es fehlen die Wiederholungsmöglichkeiten, die Variationen, das »Ich probiere es noch einmal«, da Spiele und Aktionen nicht zu Ende gebracht werden. Es fehlt die Grundordnung, um zum eigenen Rhythmus zu finden.

> Kennen Sie solche Kinder? Welche Kinder fallen Ihnen spontan dazu ein? Was können Sie tun, um solche Kinder zu unterstützen? Was wären erste konkrete Schritte? Tauschen Sie sich mit einer Kollegin darüber aus und entwickeln Sie einen Maßnahmenplan für das einzelne Kind (und dessen Eltern).

Rituale mit Wiederholungen und Struktur – statt Hektik und Unruhe: Kinder brauchen Zeit zum intensiven Spiel, zur Muße, zum Ausruhen, zum Zuschauen, Beobachten und Trödeln. Kinder brauchen Beständigkeit und

Verbindlichkeit, damit sie dem Lern- und Leistungsdruck standhalten und emotional ausgeglichen sein können.

Sie als verantwortliche Erzieherinnen sollten neben den Eltern für ein Mindestmaß an Ruhe und Beständigkeit und somit Lebensrhythmus sorgen. Ferner sollten Sie sich jeden Tag eine feste Zeit freihalten, die Sie aufmerksam mit den Kindern verbringen, sei es am Frühstückstisch, am Maltisch oder in der Leseecke. Nutzen Sie diese Zeit für Beobachtungen und für individuelle Entwicklungsbegleitung.

Wie verhält es sich mit Ihrem Lebensrhythmus? Welche Rituale und wiederkehrenden Prozesse bestimmen Ihr Leben? Erstellen Sie eine Liste mit nützlichen Ritualen für die pädagogische Arbeit, die Ihnen oder den Kindern hilfreich sein können.

3.5 Bewegung

Jedes Kind hat ein Bedürfnis nach Bewegung und das Recht dabei zu forschen und zu experimentieren. Es darf oder sollte auch einmal durch Bewegung an eigene Grenzen stoßen, um dadurch mögliche Gefahren kennenzulernen. Nur so lernt es damit umzugehen und Strategien zu entwickeln.

Der Anspannung folgt die Entspannung, ganz natürlich durch den eigenen Körper. Bewegung hat in der Entwicklung von Kindern einen besonderen Stellenwert, da die Beweglichkeit des Körpers dem Kind ermöglicht, die Welt aus unterschiedlichen Perspektiven wahrzunehmen.

Die frühkindliche Entwicklung ist geprägt durch die aktive sinnliche und bewegungsreiche Aneignung der Welt. Sie geht von der sinnlichen und bewegungsorientierten Erfahrung aus, da in diesem Alter die Sinne ausdifferenziert und in ihrer Funktion aufeinander abgestimmt werden müssen. Die Entwicklung und Differenzierung motorischer Fähigkeiten – der Fortbewegung, des Greifens oder der Koordination von Körperbewegungen – ermöglichen immer differenziertere Wahrnehmungserfahrungen, die die Grundlage des Denkens liefern. Zur Entfaltung ihrer Entwicklungspotenziale benötigen Kinder eine feinfühlige Begleitung durch erwachsene Bezugspersonen, eine anregende Umgebung und vielfältige Gelegenheiten, die ihnen selbstständiges Handeln und produktives Problemlösen ermöglichen.

So werden vielfältige Bewegungsmöglichkeiten zur Grundlage für das spätere schulische Lernen. »Denn wer sich viel bewegt, lernt auch besser«, so Renate Zimmer, Direktorin des niedersächsischen Instituts für frühkindliche Bildung und Entwicklung (nifbe).[1] Jedes Kind sollte die Chance bekommen, vielfältige Bewegungserfahrungen machen zu können (sich wälzen, krabbeln, laufen, klettern, rennen, springen, hüpfen, schaukeln usw.). Kinder, die dies ausleben können, lernen ihre Kraft und Energie gezielt einzusetzen, vorsichtig und umsichtig, oder sich auch einmal überschäumend zu bewegen. Sie tippeln, gleiten, überwinden oder schlüpfen durch Hindernisse, steigen hinauf oder hinab, probieren mit anderen gemeinsam aus, erleben Bewegung aktiv oder passiv, nehmen auf andere Rücksicht im gegenseitigen Tun, müssen aber auch hin und wieder etwas riskieren, wie z. B. Höhe oder Geschwindigkeit. Nur durch vielfältige und dauernde Bewegungserfahrungen nehmen Kinder ihren Körper im Verhältnis zum Raum wahr, verfeinern die Koordination ihrer Muskeln und werden sensibel für eigene Körperempfindungen.

In der aktiven Auseinandersetzung mit dem Körper und den verschiedenen Bewegungsformen werden die Kinder immer wieder herausgefordert und üben gleichzeitig ihre Kraftdosierung, Bewegungskoordination und Körperkontrolle sowie die Beherrschung motorischer Abläufe.

Generell sind Bewegungsabläufe ein natürlicher Vorgang. Kinder brauchen nur Gelegenheiten, diese vielfältig auszuprobieren, um umfangreiche Bewegungsformen zu lernen. Die daraus gewonnenen Erfahrungen und Schlussfolgerungen kann das Kind dann direkt auf den Alltag übertragen und ist somit den zukünftigen Alltagsanforderungen besser gewachsen. Vor allen Dingen lernt das Kind im Alltag selbstsicherer zu sein. Es lernt Strategien, die es dann wiederum später in anderen Lebensbereichen einsetzen kann, wie z. B.: einer Gefahr auszuweichen oder sich beim Hinfallen geschickt abzurollen. Es hat somit die Fähigkeit erworben, für ein auftretendes Problem verschiedene Lösungsansätze zu finden.

Zu Fehlentwicklungen kommt es immer dann, wenn Kindern zu wenig Bewegungsmöglichkeiten und Bewegungsfreiheiten geboten werden und ihnen so konkrete Erfahrungsräume fehlen. Ihre Aufgabe als Erzieherin sollte es sein, Kindern sowohl in Innenräumen als auch auf dem Außengelände großzügige Bewegungsräume für das grobmotorische Spiel und ihre vielfältigen Bewegungsbedürfnisse zu bieten.

Wie steht es denn mit Ihrem Bewegungsbedürfnis? Treiben Sie aktiv Sport? Macht Ihnen Bewegung Spaß oder sind Sie eher der Sofahocker?

1 www.nifbe.de

Reflektieren Sie Ihre Haltung und Einstellung zur Bewegung und überprüfen Sie auch kritisch Ihr Erscheinungsbild. Wer 30 Kilo Übergewicht hat, ist ein ebenso ungenügendes Bewegungsvorbild wie jemand, der mit High Heels und weißem Felljäckchen auf dem Außengelände herumsteht.

3.6 Freundschaft

Einen echten, realen Spielpartner können weder das bestausgestattete Kinderzimmer noch die engagiertesten Eltern oder der organisierteste Kindergarten ersetzen. Die Art und Intensität zwischenmenschlicher Beziehungen prägen die Selbstwahrnehmung und das Ich-Erleben eines Kindes sowie sein Bild von der Welt. Von daher ist es wichtig, dass Kinder verlässliche Bezugspersonen, vor allem aber viele Kontakte mit anderen Kindern haben und mit ihnen spielen können. In der Kita erlebt das Kind viele andere Kinder mit unterschiedlichen persönlichen Eigenschaften, Emotionen und sozialen Fähigkeiten. Es erfährt Zuneigung, Freundschaft, Ablehnung und Streit und lernt sich gegenüber Gleichaltrigen abzugrenzen und zu behaupten, aber auch sich als Teil einer Gemeinschaft zu fühlen. Vieles, wie beispielsweise die Sprache, lernen Kinder von Erwachsenen, aber gerade die sozialen Erfahrungen werden neben dem Zusammensein mit Erwachsenen hauptsächlich im Kontakt mit anderen Kindern erprobt, entwickelt und gelernt.

Das Bedürfnis nach Zusammensein mit anderen Kindern beinhaltet auch das Recht der eigenen Auswahl der Spielgefährten und der Spielmaterialien. Der Kindergarten bietet den Kindern ein Lernfeld, in dem sie sich gegenseitig beeinflussen und voneinander lernen können. Bewährt hat sich die Grundhaltung: »Frag doch zuerst ein anderes Kind, ob es dir hilft. Wenn ihr nicht weiterkommt, helfe ich gern.«

Sie als Erzieherin sollten Kontaktmöglichkeiten bieten und die freundschaftlichen Beziehungen der Kinder untereinander fördern, um sie in ihrem Bestreben nach Freundschaft zu bestärken und anzuleiten füreinander Verantwortung zu übernehmen. Denn nur so entstehen echte emotionale Bindungen und es stellt sich ein Wohlgefühl ein. Wichtig ist, das gleichsam das Streben nach Autonomie und Eigenbestimmung respektiert und geschätzt wird. Kinder unter Kindern – es gibt selten eine Spielsituation, in der mehr soziales Lernen möglich ist. Hier muss das Kind:

- Absprachen treffen,
- sich engagieren,
- Hilfestellung geben oder
- Hilfe in Anspruch nehmen,
- sich konkret mit Vorschlägen einbringen oder zurücknehmen,
- seine Interessen und Bedürfnisse durchsetzen oder auch zurückstellen,
- lernen Streit auszutragen und sich wieder zu vertragen,
- gemeinsam eine Lösung finden.

Durch ein aktives bewegungsorientiertes Spiel sollen Kinder lernen Konflikte selbst und in Gemeinschaft zu lösen, füreinander einzustehen, anderen zu helfen und eigene Grenzen zu akzeptieren.

Wir als Erzieherinnen müssen uns erst einmal von der Vorstellung einer heilen Welt verabschieden und akzeptieren, dass Reibereien und Konflikte dazu gehören und pädagogisch bedeutsame Lernsituationen sind und keinesfalls nur Störungen oder negatives Verhalten. Sie sollten daher den Kindern in konfliktbeladenen Spielsituationen mit interessierter Distanz zur Seite stehen, um flexibel und angemessen reagieren zu können. Dazu gehört auch, dass Kinder die Möglichkeit haben, hin und wieder außerhalb unserer Ruf- und Hörweite zu spielen (natürlich dem Entwicklungsstand der Kinder angemessen). Was Kinder lernen, ergibt sich nicht immer aus dem, was wir ihnen als Erwachsene beibringen oder in Lerneinheiten vermitteln, sondern oft aus sich selbst heraus, im eigenen Lernprozess durch Ausprobieren und selbst Tun. Denn nur in der aktiven Auseinandersetzung mit anderen Kindern können sie spezielle Formen von Gleichheit und Verschiedenheit erleben, müssen Handlungsnotwendigkeit und Solidarität bestimmen und die Auseinandersetzung mit anderen Kindern in der aktiven Beziehung ausleben. Diese aktive Auseinandersetzung ist wichtig, da sie hier genau die Möglichkeit bekommen, Wünsche, Meinungen und Interessen der anderen mit dem eigenen Verhalten zu koordinieren. So gewinnt die Wertigkeit von Freundschaften im Laufe der Zeit eine ureigenste Bedeutung.

Welche Formen von Kinderfreundschaften beobachten Sie im Alltag? Überlegen Sie, ob die Kinder in Ihrer Gruppe genügend Freiräume erhalten, um ihre Freundschaften untereinander zu pflegen. Wie unterstützen Sie ganz konkret die Bemühungen der Kinder? Und wie gehen Sie im Alltag mit den Streitigkeiten der Kinder innerhalb ihrer Freundschaften um?

3.7 Vorbilder

Realistisch heißt in diesem Sinne weder gut noch schlecht, sondern echt und authentisch. Wie Sie eingangs schon gelesen haben, sind Sie als Erzieherin Begleiter der Kinder auf deren individuellem Weg. Sie sind aber auch Orientierungshilfe, Wegweiser, somit immer unmittelbares Vorbild und letztendlich auch ein Mensch – mit Fehlern, Gefühlen und eigenen Bedürfnissen. Es ist wichtig, dass Kinder dieses auch erleben. In einer Atmosphäre der Sicherheit, des Vertrauens und der Akzeptanz können die Kinder ihre Lernchancen optimal nutzen und es gut aushalten, wenn die Erzieherin sich klar positioniert, eindeutige Grenzen setzt oder äußert, wenn sie wütend ist. Erziehung geschieht immer im Miteinander bzw. in der Auseinandersetzung mit dem Gegenüber. Sie sind als Erzieherin für die Kinder in ihrem sozialen und emotionalen Verhalten und in der Gestaltung sozialer Beziehungen immer Vorbild, werden jedoch gleichsam als Mensch mit persönlichen Stärken und Schwächen erlebt. So müssen Sie über ein vielfältiges Verhaltensrepertoire verfügen, um angemessen und flexibel auf die unterschiedlichsten Situationen reagieren zu können.

Möchten Sie, dass die Kinder respektvoll Ihnen und anderen gegenüber sind, müssen auch Sie die Kinder respektvoll behandeln und sie beispielsweise nicht in Anwesenheit anderer zurechtweisen oder gar bloßstellen. Wenn Sie möchten, dass die Kinder keine Schimpfwörter oder Fäkalausdrücke benutzen, dürfen Sie solche Wörter selbst auch nicht benutzen. Und wer z. B. möchte, dass die Kinder Freude an Büchern entwickeln, muss auch selbst Freude am Vorlesen haben und dies in seiner Gruppe häufig anbieten, um ihnen zum Bücher-Vorbild zu werden. Kinder lernen an Modellen, dies gilt für alle Bereiche des Lebens.

Wir Erwachsene sind nicht perfekt. Und das ist auch gut so. Es wäre für die Kinder sonst unerträglich, da gerade sie über Fehler und ausprobieren, über Abschauen und Nachahmen lernen. Ein Vorbild, ein Mensch mit Stärken und Schwächen, der selbst Fehler macht oder auch mal wütend wird, aber bereit ist, sein Verhalten zu reflektieren, wird von den Kindern mehr geachtet und geliebt als die immer gut gelaunte, neutrale *Erziehermaschine*. Ein Mensch aus Fleisch und Blut, der sich selbst als lebenslang Lernenden sieht, aktiv vorlebt, was wichtig, richtig und vor allen Dingen wünschenswert ist, darf auch Fehler machen und ist für die Kinder ein umso glaubwürdigeres Vorbild.

Womit beschäftigen Sie sich gerade außerhalb Ihrer Arbeitszeit? Welches Fachbuch lesen Sie gerade? Welches Hobby begeistert Sie? Rufen Sie sich bitte eine Situation ins Bewusstsein, in der Sie ein konkretes Vorbild waren und Kinder durch Ihr Verhalten oder Handeln inspiriert haben.

3.8 Spiel

Das Spiel ist eine der wesentlichen Grundformen der kindlichen Entwicklung und ist daher von größter Bedeutung. Das eigentliche Spiel ist eine zweckfreie und selbst gewollte Betätigung, die Freude, Spaß und Befriedigung bringt. Für das Kind ist das Spielen aber gleichzeitig auch eine sehr ernsthafte und oft anstrengende Tätigkeit, denn Spielen, Fantasie und Lernen gehören immer zusammen. Im Spiel erobert sich das Kind seine gesamte Umwelt, verarbeitet sein Wissen von der Welt, entwickelt Fähigkeiten, löst Probleme, gestaltet Beziehungen und erfindet seine eigene Fantasiewelt. Es setzt dabei seine ganze Persönlichkeit, all seine Fähigkeiten, Erfahrungen und Gefühle ein. Es verarbeitet im Spiel seine Umwelteindrücke und Dinge, mit denen es sich gerade beschäftigt. Es werden Handlungsmöglichkeiten eingeübt und oft ist das Spiel auch ein Ventil für Spannungen, die dann ausgelebt werden können. Dabei entwickelt sich die gesamte Persönlichkeit des Kindes.

Alle Entwicklungsbereiche werden nahezu gleichzeitig im Spiel angesprochen und gefördert. Im freien ausdauernden Spiel erwirbt ein Kind alle Fähigkeiten, die es als Grundlagen zur Lebensbewältigung braucht. Es erwirbt aber auch jene Fähigkeiten, die für das schulische Lernen relevant sind, wie z. B. Interesse, Durchhaltevermögen, Ausdauer, Anstrengungs- und Lernbereitschaft, die sprachliche Ausdrucksfähigkeit und das so wichtige soziale Handeln. Die gesamte Palette an Fähigkeiten ist wichtig, um neuen unbekannten Anforderungen und Herausforderungen selbstsicher gewachsen zu sein. Weil so viele unterschiedliche Fähigkeiten während des Spiels entwickelt werden, ist das Spiel nicht eine Alternative zum Lernen, sondern letztendlich eine Möglichkeit des Lernens. Die Lernfähigkeit setzt somit eine gute Spielfähigkeit voraus.

Es gilt gute Voraussetzungen dafür zu schaffen, um die Entwicklung der Spielfähigkeit der Kinder zu begünstigen. Die wichtigsten Voraussetzungen für ein fantasievolles, bewegungsaktives und autonomes Spiel sind:

- Wahlmöglichkeit: Das Kind darf selbst bestimmen mit wem, womit und wo es spielen möchte.
- Zeit: Die Chance wirklich ungestört, intensiv und lange spielen zu können.
- Vielfalt: Vielfältige Auswahlmöglichkeiten an Material, Orten und Spielprozessen zur Verfügung zu haben.

Um Kindern vielfältige Erfahrungsmöglichkeiten zu bieten, sollten Sie sehr viel Wert auf ein reichhaltiges Angebot an Spielmöglichkeiten legen und dieses wohldosiert und gut überschaubar zur Verfügung stellen. Durch eine intensive Beobachtung im Spielalltag der Gruppe lassen sich schnell Vorlieben und Interessen der Kinder herausfiltern. Ebenso reichen häufig Impulse durch einfache Materialien aus, damit die Kinder ihrer Fantasie freien Lauf lassen können, wie z. B. Naturmaterialien, Holzreste, Pappschachteln usw. mit denen die Kinder experimentelle Erfahrungen sammeln.

Das Spiel frei bestimmen zu können bedeutet, dass Kinder die Möglichkeit bekommen, zu klettern, zu toben, zu basteln, zu experimentieren, zu malen, Rollen- und Fantasiespiele zu spielen, zu singen, Dinge zu hinterfragen etc. Nur so haben sie die Möglichkeit, mit allen Sinnen (Riechen, Hören, Sehen, Fühlen) aktiv zu sein.

Ist dies auch möglich, wenn ein Kind scheinbar nichts tut? Die beobachtbare Passivität ist äußerlich sichtbar, aber innerlich? Was passiert da? Das Kind kann aktiv etwas beobachten, aktiv seinen Gedanken nachhängen, aufpassen, abschauen, zuschauen, überlegen, fantasieren, nachdenken. So können Kinder neue Impulse und Anstöße für ihr individuelles Spiel gewinnen. Außerdem werden damit oft die ureigensten inneren Antriebe geweckt. Es gilt gut hinzuschauen, welche Qualität die Passivität besitzt, denn Kinder sollen nicht nur konsumieren oder gar eine Konsumhaltung entwickeln, nach dem Motto: »Mach was mit mir, bespiele mich«, sondern vielmehr selbst aktiv werden. Wer kennt in diesem Zusammenhang nicht den Ausspruch: »Gut Ding braucht Weile.« Von uns als Erziehende ist erst einmal Zurückhaltung gefragt. Wir müssen abwarten und aushalten, dass das Kind scheinbar untätig ist. Gleichzeitig sollten wir sensibel genug sein, um zu erkennen, wann ein Impuls, ein Mitspielen notwendig wird, um das Spiel des Kindes wieder in Gang zu bringen. Dies schließt aus, dass wir immer für die Kinder bereitstehen, um sie rund um die Uhr zu bespielen, besingen, bebasteln – und somit zu ihren Animateuren werden. Bitte achten Sie im Alltag darauf. Zu leicht tappt man in die *Bespiel-Mich-Falle.* Achten Sie auf eine gute Balance zwischen Anregung geben und abwarten können, Freiraum und Ordnung, selbstbestimmten Spiel und angeleiteten Aktionen.

Hilf mir es selbst zu tun.

Maria Montessori

Weniger ist oft mehr! *Erschlagen* Sie die Kinder ihrer Gruppe nicht mit Spielmaterial. Ich habe oft erlebt, dass Erzieherinnen es ja gut meinten, aber gar nicht mehr mitbekamen, dass die Kinder ihrer Gruppe nur schlecht ins Spiel fanden, da sie von den übervollen Regalen mit unzähligen Gesellschaftsspielen, Puzzeln und Steckspielen überfordert waren. Sie konnten sich schlichtweg nicht mehr für eine Sache entscheiden. Und wenn doch, war es häufig das heiß geliebte und wohlbekannte Obstgartenspiel oder ein anderer Favorit. Sie griffen nach dem, was bekannt und somit einfach spielbar war.

Die präsentierten Spiele und Materialien sollten immer einen hohen Aufforderungscharakter haben. Damit ist gemeint, dass alles für die Kinder gut erreichbar, gut zugänglich und gut sichtbar sein sollte. Als besonders vorteilhaft hat sich erwiesen, wenn die entsprechenden Gegenstände im Regal ihren festen Platz haben, vielleicht sogar mit einem Zeichen oder Foto markiert, damit das Aufräumen noch leichter und selbstständiger gelingt. Lieber ein Puzzle, ein Gesellschaftsspiel und ein Konstruktionsmaterial gut sichtbar im Regal nebeneinander, auf einem bestimmten Platz präsentieren, als fünf Puzzle und sechs Spiele übereinander gestapelt im Schrank verstauen. Jedes Teil braucht seinen Platz, jedes Spielmaterial seine Aufbewahrungsbox mit Materialkärtchen. Nur so können Kinder Ordnung halten, finden durch die äußere Ordnung zur inneren und leichter ins Spiel.

Tauschen Sie das Spielmaterial von Zeit zu Zeit mal aus. So halten Sie die natürliche Neugierde der Kinder wach, aber überfordern sie nicht.

Wenn wir als Erzieherin Spielen als Schlüssel zum Lernen begreifen, müssen wir Dinge und Vorgänge anregen, die das Interesse der Kinder wecken. Letztendlich führen lustvolle, positiv besetzte Spielaktionen zu konzentrierter Beschäftigung. Sie sind daher für Bildungsprozesse der Kinder im vorschulischen Bereich verantwortlich. Kinder brauchen die Möglichkeit zu eigenem Denken, Fühlen, Erleben und Handeln, brauchen Lernprozesse, die sie durch ein intensives Spiel gewinnen. Diese ganzheitlichen Lernmöglichkeiten müssen Sie als Erzieherin schaffen, indem Sie die Kinder:

- mit Freude und Neugier forschen und entdecken lassen,
- ihnen Möglichkeiten schaffen, dass sie die Welt mit allen Sinnen wahrnehmen und begreifen können,
- ihnen vielfältige Erfahrungsmöglichkeiten zur Verfügung stellen,
- ihnen Bewegungs- und Freiräume schaffen,
- ihnen die Chance geben, mit sich selbst und der Welt ins Gleichgewicht zu

gelangen, indem Sie ihnen Zeit lassen und diese nicht zerteilen, zerreißen und verplanen,
- Sie dafür sorgen, dass sie mit Konzentration und dennoch mit Entspannung an eine Sache herangehen können,
- ihnen Wiederholungen ermöglichen, damit sie Dinge immer und immer wieder tun können,
- im Hier und Jetzt als Individuum begreifen. Einzigartig – mit individuellen Fähig- und Fertigkeiten.

Ich lade Sie zu einem Rundgang in Ihre Gruppe ein. Verschaffen Sie sich einen Überblick über die Spielmaterialien. Prüfen Sie kritisch das Angebot. Welche *alten Hunde* tummeln sich in Ihren Regalen und Schränken, mit denen schon lange kein Kind mehr spielt? Was müsste einmal ausgetauscht werden? Haben alle Materialien und Spiele ihren eigenen Platz? Können die Kinder ganz selbstständig sehen, wo was zu finden ist und vor allem, wo was wieder hingehört? Welches Material oder Spiel würde einen neuen Spielimpuls bringen? Reflektieren Sie unter diesen Gesichtspunkten Ihre Spiel- und Materialauswahl in der Gruppe.

3.9 Träume und Lebensziele

Wer hat die Welt gemacht? Warum ist Wasser nass? Was tut der Wind, wenn er nicht weht? Schläft die Sonne in der Nacht und der Mond am Tag? Kleine Kinder brauchen einen inneren Freiraum, um Schritt für Schritt zu ihrem eigenen Lebensentwurf zu finden. Sie haben noch eine ganz selbstverständliche Verbindung zur geistigen Welt, aus der sie kommen. Völlig unbefangen geben sie uns mit ihren ureigenen Fragen Impulse und fordern uns heraus. Ein Lebenssinn oder ein Lebensziel lässt sich nicht an ein Kind weitergeben, sondern nur über das eigene Vorleben anbieten. Wer von uns Erziehenden könnte die teilweise tiefgründigen Fragen der Kinder einfach so in einem Satz beantworten? Kinder beschenken uns damit, wenn sie sich angenommen und ernst genommen fühlen und wenn wir offen und zugewandt bleiben. Häufig sind es nur kurze, ja fast magische Momente, in denen diese Dialoge stattfinden, die uns die innere Größe der Kinder erahnen lassen. In solchen Momenten kann man spüren, dass Kinder *Sinnsucher* sind. Sie durchleben die Entwicklungsstufen und wachsen dabei auch innerlich.

Seien Sie achtsam und nehmen Sie die teilweise tiefgründigen Fragen der Kinder ernst. Seien Sie interessiert und ehrlich. Kinder spüren, wenn wir ihnen etwas vormachen. Heute, da uns Äußerlichkeiten, Konsum und Lärm oft massiv in Beschlag nehmen, ist es wichtig, Kinder ganz bewusst an das heranzuführen, was innerlich aufrichtet und berührt. Die Auseinandersetzung mit der Schöpfung, ein Spaziergang in der Natur, eine Kerzenmeditation oder eine Fantasiereise laden Kinder ein, dieses zu entdecken. Kinder stark machen heißt, sie stark für die Zukunft zu machen. Damit sie dieser optimistisch entgegen sehen, müssen wir ihnen die schönen Dinge des Lebens zeigen, die Wunder der Welt offenbaren und sie zum Staunen einladen.

Wenn Erzieherinnen sich positiv auf eine Sache einlassen und Kinder anregen, es ihnen gleich zu tun; wenn sie sie sensibilisieren für das Besondere, für die täglichen wunderbaren Kleinigkeiten und Glücksmomente, die das Leben für uns bereithält, wachsen auch sie innerlich.

Lachen Sie mit den Kindern. Freuen Sie sich mit ihnen an Kleinigkeiten und Alltäglichem: »Schön, dass es dich gibt!«, »Schön, dass wir dieses leckere Essen genießen können.«, »Schön, wie du das Bild gemalt hast.«, »Schön, dass Marcel wieder gesund ist.«, »Schön, dass die Sonne heute scheint.«, »Schön, dass wir deinen Geburtstag mit so vielen Kindern feiern.«, »Schön, …«

> Was ist Ihr Lebensziel, Ihr Lebenssinn, Ihr Lebenstraum? Woran können Sie sich im Alltag erfreuen? Haben Sie heute schon gelacht und sich gefreut? Wann hatten Sie Ihren letzten *magischen* Moment mit einem Kind?

Zum Weiterlesen

Dreier, A. (1993): Was tut der Wind, wenn er nicht weht? Berlin
Knauer, R. / Brandt, P. (1998): Kinder können mitentscheiden. Berlin
Kurtik, Ch. (2010): Erziehen mit Gelassenheit. Stuttgart
Montessori, M. (2000): Kinder sind anders. München
Raapke, H.-D. (2001): Montessori heute. Eine moderne Pädagogik für Familie, Kita und Schule. Hamburg
Rogge, J.-U. (2000): Kinder brauchen Grenzen. Hamburg
Schäfer, G. E. (2005): Bildung beginnt mit der Geburt. Weinheim

ALLER ANFANG IST SCHWER

4. Aller Anfang ist schwer

Man kann einen Menschen nicht gegen seinen Willen erziehen,
so wenig wie man ihn gegen seinen Willen gesund machen kann.
Hartmut von Hentig

»Aller Anfang ist schwer«, so sagt es eine alte Volksweisheit. Sie weist darauf hin, dass wir noch nicht so viel Erfahrung und Geschicklichkeit in der Ausübung einer Tätigkeit haben, sodass Fehler passieren und Handlungsabläufe noch nicht so flüssig von der Hand gehen, wie bei einem erfahrenen Menschen.

Für jede Berufseinsteigerin stellt sich mit Sicherheit die Frage: Gibt es eine vollkommene Erziehung? – Nein, die gibt es nicht. Aber es gibt Haltungen, die sich als günstig erwiesen und die sich bewährt haben. Und es gibt die eindeutige Feststellung, dass der Versuch Patentrezepte zu liefern von vornherein zum Scheitern verurteilt ist. So wie Eltern für ihr Kind nur das Beste wollen, sind auch Erzieherinnen in der Regel darum bemüht alles richtig zu machen. Allerdings weiß keiner so genau, was das Beste ist und ob es das Beste überhaupt gibt. Es gehen alle mit viel Elan und Motivation an das Thema Erziehung heran und stellen schnell fest, es kommt oft ganz anders als geplant.

Kinder sind nicht zu steuern oder gar zu planen. Sie sind, wie sie sind und vor allem oft ganz anders als in unseren Vorstellungen. Unser Bild vom Kind passt häufig nicht zum Original – Gott sei Dank nicht!

Kinder sind anders. Akzeptieren wir dieses und nehmen sie mit all ihren Stärken, Schwächen und Eigenarten an. So gelingt uns die Erziehung oft besser bzw. leichter.

Dem Bild der perfekten Erzieherin zu entsprechen, macht die Erziehung oft anstrengend und furchtbar kompliziert. Verabschieden Sie sich vom Bild *der Kinder* und vor allem vom Bild der idealen Erzieherin und lassen Sie sich auf Ihre individuelle Art ein genauso wie auf die Vielfalt der unterschiedlichen Kinder.

4.1 Mut zur Unvollkommenheit

Von Kindern zu lernen, unvollkommen zu sein, bedeutet, sich einzulassen auf ihr Denken, Fühlen, Handeln, ihre ureigene Art Dinge zu tun und den eigenen individuellen Weg zu gehen. Kinder haben ihr eigenes Tempo, ihre eigene Gangart und das Recht auf Eigensinn und prägnante Charakterzüge. Darüber hinaus gehen Kinder nie den geraden Weg von A nach B, sondern immer Umwege. Sie lernen durch Versuch und Irrtum, brauchen Zeit für Wiederholungen, um eine Sache immer wieder tun zu können und werden so von Mal zu Mal besser und sicherer. Jedes Kind ist anders.

Kinder auf ihrem Weg zu begleiten heißt, ihren Weg vorausschauend zu begrenzen, damit sie sich orientieren können. Damit sie vor Gefahren geschützt sind und letztendlich auch lernen den individuellen Alleingang gut zu meistern. Es bedeutet auch Freiräume zu schaffen, damit Kinder spüren und erleben: »Ich kann Einfluss nehmen, ich bin wichtig, ich habe Rechte, ich werde gefragt.«

Ein Kind so annehmen, wie es ist, heißt für jede Erzieherin: führen und begleiten, aber nicht ständig antreiben. Es gilt die Einzigartigkeit eines Kindes zu bewahren und zu unterstützen. Sie müssen den Kindern die Möglichkeit bieten, sich als kompetent und einmalig zu erleben. Es wäre wunderbar, wenn Kinder in Ihrer Nähe das Gefühl bekommen: »Ich bin ein Geschenk.«

> Fühlen Sie sich bitte einmal in diese Aussage hinein: Ich bin für jemanden ein Geschenk. Wie fühlt sich das an? Was gehen Ihnen für Gedanken durch den Kopf? Was lösen diese Gedanken bei Ihnen aus? Was für ein Körpergefühl präsentiert sich Ihnen? Welches Ich-Erleben, welche Ich-Wahrnehmung erfahren Sie? Was macht das mit Ihnen?

Leider wird das häufig im Alltag, der aus tausend Verpflichtungen, Terminen und Anstrengungen besteht, vergessen. Wir wollen alles richtig machen, wollen allen Aufgaben gerecht werden. Leider setzen wir uns und die Kinder dadurch oft mit hohen Maßstäben unter Druck. Alles soll perfekt sein, ohne große Reibereien gelingen, jeder und alles muss funktionieren: Das Krippenkind soll in der Mittagszeit schnell und unkompliziert einschlafen, das Kindergartenkind vormittags ohne Theater in die Turnhalle zur Zwischenprüfung der Auszubildenden gehen und das Vorschulkind soll gute Fortschritte in der Sprachförderung machen. Aber der Alltag sieht oft anders aus. Und so erleben sich die Kinder oft nicht als Geschenk, sondern als Belastung, unbequem und anstrengend. Wer kennt in diesem Zusammenhang nicht Äußerungen wie: »Nun mach schon, trödel nicht so herum …«, »Du schon wieder …«, »Beeil dich, wir müssen weiter …«, »Kannst du nicht besser aufpassen …«, »Das musste ja passieren …«, »Immer machst du Theater …«

Solche Äußerungen verstärken den Druck und führen auf lange Sicht zu Frustrationen und schlechter Stimmung. Außerdem tragen solche Äußerungen nicht dazu bei, dass das Kind Selbstbewusstsein entwickeln kann.

Übertrieben, meinen Sie? So wird ja nicht mit Kindern gesprochen? – Leider doch! Weil der Alltag an unseren Nerven zerrt und wir eben auch nur Menschen und keine Erziehungsmaschinen sind. Wichtig ist aber, dass wir bereit sind, unsere Äußerungen und Verhaltensweisen zu überprüfen, dass wir offen sind, daran zu arbeiten, und Kollegen oder einer Leitung nicht böse sind, wenn sie uns darauf aufmerksam machen.

> Wie gehen Sie mit Kritik um? Wie verhalten Sie sich, wenn Sie z.B. jemand auf eine unangemessene Umgangssprache aufmerksam machen würde? Stellen Sie sich bitte eine konkrete Situation vor, in der Ihnen jemand ein kritisches Feedback gegeben hat, und reflektieren Sie, wie Sie darauf reagiert haben.

4.2 Äußere Einflüsse

Trotz gutem Willen wird der ohnehin schon anstrengende Erziehungsalltag leider auch noch zusätzlich durch andere Komponenten ungünstig beeinflusst. Die gesellschaftlichen Ansprüche, denen Erzieherinnen in Kindertagesstätten zunehmend ausgesetzt sind und die diese unter Druck setzen, beispielsweise durch abfällige Bemerkungen, hohe Erwartungen oder wenig Respekt vor der erzieherischen Herausforderung, fördern nicht gerade ein Wohlfühlen im Berufsumfeld. Hinzu kommen die fehlenden allgemeingültigen Erziehungsziele und eine Bandbreite an verschiedenen Erziehungsstilen. Dieses Wirrwarr in der Erziehung führt häufig dazu, dass kein Elternteil mehr weiß, wie er es hinbekommen soll, sein Kind richtig zu erziehen und daher immer mehr Verantwortung in Richtung Kindergarten schiebt. Zu viel zerrt an Eltern und zu wenig ist einheitlich und selbstverständlich. Es fehlt oft die Orientierung. Keiner scheint mehr genau zu wissen, wie die Kinder erzogen werden sollen und dennoch steht jedes Elternteil wie auch jeder Frühpädagoge vor genau jener Herausforderung und Aufgabe. Jede Familienform, egal ob traditionelle Elternfamilie oder vaterlose, mutterlose, gleichgeschlechtliche oder neu zusammengesetzte Familie, hat ihre Stärken und Schwächen. Dennoch sollten alle den gleichen Grundsätzen folgen und durch Vertrauen, Liebe und gegenseitige

Wertschätzung die Basis für ein gutes Miteinander legen. Dann ließe sich jede Belastung durch Offenheit und Verständnis für die Bedürfnisse des anderen verringern. Aber dem ist leider im Alltag nicht so.

Von daher brauchen Sie einen guten Konsens und Zusammenhalt innerhalb Ihrer Einrichtung. Unterstützen Sie sich gegenseitig und halten Sie zusammen. Reden Sie mit- und nicht übereinander, suchen Sie nach Stärken und nicht nur nach Schwächen. Bündeln Sie die vielen Fähigkeiten, Kompetenzen und Ressourcen in Ihrem Team (und vielleicht auch in der Elternschaft), nehmen Sie sich gegenseitig an, so wie Sie sind, dann gelingt der Erzieherinnen-Alltag leichter und wird einfacher.

4.3 Erzieherin-Kind-Beziehung

Für Ihre Beziehung zum Kind ist es wichtig, die Einmaligkeit des Kindes anzuerkennen. Den Kindern das Gefühl der uneingeschränkten Akzeptanz zu geben, heißt: »Ich knüpfe an meine Liebe zu dir keine Bedingungen. Ich mag dich so, wie du bist.« D. h. nicht: »Du kannst tun und lassen, was du willst.« Die Qualität dieser Grundeinstellung und letztendlich Beziehungsstruktur entscheidet, welche Anregungen und Entwicklungsmöglichkeiten ein Kind für die eigene Persönlichkeitsentwicklung in Ihrer Gruppe erhält.

Bitte gehen Sie in Gedanken, die Ihnen anvertrauten Kinder Ihrer Gruppe durch. Knüpfen Sie wirklich an das Wohlwollen, die Liebe, die Zuneigung, die Sie den Kindern schenken, keine Bedingungen? Darf wirklich erst einmal jede / jeder so sein, wie er ist? Oder haben Sie ein Bild von dem Kind, wie es sein sollte, in Ihrem Kopf? Überprüfen Sie bitte einmal Ihre Wahrnehmung und Überzeugung zu jedem Kind Ihrer Gruppe.

Eine verlässliche Erzieherin-Kind-Beziehung fußt auf folgender Aussage: »Auf mich kannst du dich verlassen, ich bin da, wenn du mich brauchst, ich stehe dir zur Seite und begleite dich auf deinem Weg.« Je verlässlicher diese Beziehung ist, desto besser können sich Kinder auch auf andere soziale Bindungen in der Gruppe / dem Kindergarten und darüber hinaus einlassen und diese aufbauen. Ein Kind muss Bindung spüren, von klein auf. Zuerst bei den Eltern im Nest der Familie, später dann in der Krippe oder im Kindergarten, bei der Tagesmutter oder den Großeltern. Kinder müssen wissen, wo sie hingehören, wo ihre Wurzeln verankert sind. Ein wichtiger Faktor in diesem Zusammenhang ist der Umgang mit Freiheit bzw. Mitbestimmung. Ein Kind kann im Leben Freiheit nur gut aushalten, wenn es um seine Bindungen weiß und sich sicher fühlt.

Was Kinder brauchen und Erzieherinnen ihnen geben sollten:

- Erzieherinnen sollten eine Beziehung zum Kind aufbauen und so Vertrauen schaffen sowie für Sicherheit, Zuwendung, Anerkennung und Entfaltungsmöglichkeiten sorgen.
- Erzieherinnen sollten versuchen die Einzigartigkeit jedes Kindes zu respektieren, um damit verbunden das Temperament, die unterschiedlichen Begabungen und Fähigkeiten sowie die individuellen Charaktereigenschaften zu berücksichtigen.
- Erzieherinnen sollten Wegweiser sein und aufzeigen, was wirklich erlaubt und ernsthaft verboten ist, damit Kinder sich orientieren können und Sicherheit erleben.
- Erzieherinnen sollten Kindern viele Entfaltungsmöglichkeiten bieten, damit sich eigenes Verhalten entwickeln kann und Fertigkeiten erprobt werden können, auch wenn dabei Fehler gemacht werden. Nur auf der Basis von *Learning by doing* können durch Versuch und Irrtum eigene Erfahrungen gesammelt werden, die dem Kind zu eigenen Handlungsplanungen verhelfen.
- Erzieherinnen sollten das Zusammensein in der Kindergartengruppe mit den Kindern auf Ehrlichkeit, Wohlwollen und Vertrauen aufbauen. Nur Kinder, die volles Vertrauen genießen und spüren, dass sie als Person geachtet werden, können Selbstvertrauen entwickeln.
- Erzieherinnen sollten das soziale Umfeld des Kindes so gestalten, dass es Schritt für Schritt selbst aktiv werden kann und lernt für das eigene Verhalten Verantwortung zu übernehmen. Wer den Kindern immer alles abnimmt oder ihnen nichts zutraut, hemmt ihren Entwicklungsprozess.
- Erzieherinnen sollten konsequent sein und das Verhalten der Kinder begrenzen. Dabei sollten sie aber die Achtung vor dem Kind von dem aktuellen Verhalten trennen. Nur wenn das Kind spürt, dass es grundsätzlich wertgeschätzt und gemocht wird, kann es auch nachvollziehen, dass die Erzieherinnen bestimmte Verhaltensweisen nicht akzeptieren.
- Erzieherinnen sollten bereit sein, abzuwarten und Kinder immer nur dann zu unterstützen, wenn sie danach verlangen. Wenn Kinder das Gefühl bekommen, mir wird nichts zugetraut, ich kann das eh nicht, werden sie entmutigt. Letztendlich halten solche Erzieherinnen ihre Kinder klein und aus dieser Abhängigkeit bzw. Überbehütung heraus kann kein eigenes Selbstbewusstsein und Selbstvertrauen wachsen.

4.5 Die unterschiedlichen Erziehungsfelder

Wie gut Sie sich auch um die Beziehungen, Grenzen, das Vertrauen und das gegenseitige Miteinander in Ihrer Gruppe bemühen, alles ist immer auch von der Familie des Kindes, vom sozialen Umfeld und den unterschiedlichen Einflussfaktoren der Gesellschaft geprägt. Unterschiedliche Erziehungsfelder prägen die Kinder und deren Eltern, wie z. B. die finanzielle Situation, die Wohnungs- oder Hausgröße, der eigene Garten oder der fremdbestimmte Innenhof, Großeltern in der Nähe oder weit entfernt.

Freunde und Nachbarn sowie Spielkameraden nehmen so Einfluss auf die Entwicklung und Erziehung der Kinder. Gerade zum Berufseinstieg sollte man diese verschiedenen Einflussfaktoren immer wieder in den Blick nehmen und sich bewusst vor Augen führen, um seine eigene Position im Kanon der Erziehungsfelder definieren zu können.

Obwohl Kinder unterschiedliche Erziehungsfelder lieben ist es sehr hilfreich, wenn z. B. alle Beteiligten sich auf ein Mindestmaß von allgemeingültigen Umgangsregeln und Erziehungszielen sowie auf gleichbleibende Rituale einigen. Dieses Mindestmaß an Übereinkünften, die sowohl für den einen als auch anderen Bereich gelten, wären bei der gemeinsamen Erziehung der Kinder nicht nur kräfteschonend, sondern auch entlastend, da Haltungen oder Grundeinstellungen dann von einem Erziehungsfeld ins andere übertragen werden können:

- Wir sagen »bitte«, wenn wir etwas möchten und »danke«, wenn wir es bekommen haben.
- Wir gehen wertschätzend mit dem Eigentum anderer um.
- Wir lassen uns aussprechen und hören einander zu.
- Wir streiten, aber wir schlagen uns nicht.
- Wir nehmen aufeinander Rücksicht usw.

Wie viel einfacher wäre es für uns als Frühpädagogen, aber auch für die Eltern, würden alle in die gleiche Richtung rudern und jene eben beschriebenen Grundeinstellungen verfolgen. Von daher bemühen Sie sich als Erzieherin um eine gute Erziehungspartnerschaft: Stecken Sie mit den Eltern Ziele ab, handeln Sie Verhaltensregeln aus und beteiligen Sie Eltern an Ihrem pädagogischen Konzept und den Entwicklungszielen für die jeweiligen Kinder. Sie werden sich wundern, wie viel einfacher es wird und wie die gegenseitige Wertschätzung wächst. Gemeinsam rudert es sich leichter und alle kommen schneller ans Ziel.

> Erstellen Sie eine Liste mit Absprachen und Verhaltensregeln, die Sie mit den Eltern Ihrer Gruppe gern erarbeiten und absprechen würden.

Neben den unterschiedlichen Erziehungsfeldern, die auf die Erziehung der Kinder Einfluss nehmen, werden im Laufe der Entwicklung die Kontakte zu Gleichaltrigen immer wichtiger. Die Nähe und Zuneigung unter Freunden ist etwas anderes als die Nähe und Zuneigung zu Eltern und Erzieherin. Kinder gestalten den Aufbau der Freundschaft auf ihre individuelle Art.

Freunde kann man im Kindergarten wählen. Aber auch Freunde wählen Freunde. Daher nimmt für die Kinder die Pflege der Freundschaften im Laufe der eigenen Bewusstwerdung immer mehr Raum ein und hat somit einen immer höheren Stellenwert. Wir als Erzieherin sollten daher dafür Sorge tragen, dass Kinder mit anderen Kindern reichhaltig in Kontakt treten können und auf die Zusammensetzung der Gruppenmitglieder (Auswahlmöglichkeiten) achten.

Kinder brauchen mit zunehmendem Entwicklungsalter zunehmend mehr Raum und Zeit für eigene Erfahrungen. Das gilt auch für schlechte. Damit ist gemeint, dass wir Kindern nicht alles Unangenehme abnehmen können und dürfen. »Du hast den Frühstücksteller fallen lassen? – Das ist traurig, aber es kann jedem passieren. Allerdings musst du es sagen und dich dafür entschuldigen. Dann räumen wir gemeinsam die Scherben beiseite.« Es ist für Kinder ein wichtiger Lernprozess, wenn wir ihnen aufzeigen, dass ihre Taten Folgen haben, dass sie Fehler machen dürfen, aber auch die Verantwortung dafür übernehmen müssen. Wir sollten sie bei Ihrem Streben nach Autonomie unterstützen und bestärken, indem wir ihnen etwas zutrauen, aber ihnen ihre Verantwortung nicht abnehmen.

Interessierte Distanz bereichert den Erziehungsprozess: Wir zeigen an den Dingen, die Kinder tun, Interesse, hören ihnen zu, finden Antworten auf ihre Fragen, so gut es geht, unternehmen etwas mit ihnen, erklären Dinge, nehmen uns Zeit mit ihnen, aber wir drängen uns nicht auf.

Kinder müssen wissen: »Ich stehe nicht allein da«, versuche es aber dennoch erst einmal allein. Sie müssen spüren, da ist jemand, auf den ich mich verlassen kann, bei dem ich Schutz und Hilfe finde, der mir aber zutraut, dass ich es schon allein schaffe. Zur Seite stehen heißt, Kinder mit Lob und Anerkennung stärken, sie ermutigen, motivieren, anspornen und gegebenenfalls unterstützen. Nur so kann sich ihr Vertrauen in die eigenen Fähigkeiten entwickeln.

Ermutigen Sie die Ihnen anvertrauten Kinder im Alltag. Verschenken Sie Lob und Anerkennung, aber beides bitte gut dosiert. Nur dadurch bleibt es kostbar und wird geschätzt. Achten Sie auch auf den Entwicklungsstand, denn ein Zweijähriger muss anders bzw. für andere Leistungen ermutigt oder gelobt werden als ein Fünfjähriger oder gar ein Neunjähriger. Und letztendlich ist die Ermutigung noch wichtiger als das Lob, da sie den Glauben des Kindes an sich selbst verbessert.

Ermutigende Worte sind z. B.:

- Das hast du wirklich gut hinbekommen.
- Du machst gute Fortschritte.
- Ich sehe, wie du dich anstrengst.
- Es hat mir Spaß gemacht, mit dir zu spielen.
- Du warst mir eine gute Hilfe.
- Das war wirklich schwierig. Aber du hast nicht aufgegeben.
- Ich kann sehen, wie du dich freust. Da kannst du wirklich stolz drauf sein.
- Ich finde, du bist wirklich geschickt.
- Ich mag dein Lachen. Du bist immer so fröhlich. Das gefällt mir.
- Ich hab dich lieb. Du bist für mich wie ein warmer Sonnenstrahl.
- Du hast dich sehr bemüht und dein Bestes gegeben.

Solche oder ähnliche Worte helfen Kindern, sich selbst positiv zu erleben. Sie als Erzieherin zeigen dem Kind durch solche Äußerungen, dass Sie es schätzen, es in seiner Einmaligkeit sehen und daran glauben, was in ihm steckt, dass es leistungsfähig und wunderbar ist. So helfen Sie ihm, ein positives Selbstwertgefühl zu entwickeln. Ihre Ermutigung ist für das Kind wie ein Geschenk. Es kann daraus eine Einstellung zu sich selbst gewinnen, die ihm beispielsweise sagt:

- Ich bin ein Mensch, dem man etwas zutraut.
- Ich bin ein Mensch, der seinen Aufgaben gewachsen ist.
- Ich kann etwas schaffen.
- Ich kann mich ändern / an mir arbeiten.
- Ich bin okay. Ich mag mich.

Jedes Kind, das solche Einstellung von sich selbst gewinnt, kann sich auch auf die vielen Herausforderungen, die das Leben noch bereithält, einlassen.

Zum Weiterlesen und Anschauen

Bostelmann, A. / Boll, B. (2010): Kindergarten statt Kummergarten. Frankfurt am Main

Erath, P. / Sandner, E. (2007): Unternehmen Kita. Wie Teams unter veränderten Rahmenbedingungen erfolgreich handeln. München

Gerwig, K. (2010): Erzieherin: Beruf oder Berufung. Filmdokumentation. AV1 Pädagogik Filme. Kaufungen

Kühn, T. / Petcoy, R. (2008): Step – Das Buch für Erzieher/innen. Berlin

FIT IN DIE SCHULE – ODER: VOM SPIELKIND ZUM SCHULKIND

5. Fit in die Schule – oder: vom Spielkind zum Schulkind

Die Aufgabe der Umgebung ist es nicht, das Kind zu formen, sondern ihm zu erlauben, sich zu offenbaren.

Maria Montessori

Ob ein Kind schulfähig ist, hängt zum einen von seinem Entwicklungsstand ab, aber auch von seinem familiären und sozialen Umfeld, das willens und in der Lage sein muss, ein Schulkind zu fördern. Lernen beginnt nicht mit der Schule, sondern mit der Geburt. Viele Basisfähigkeiten und Schlüsselqualifikationen werden bereits viele Jahre vor Schuleintritt angelegt und gefestigt. Das schulische Lernen baut ab der Einschulung darauf auf.

Vor Eintritt in die Schule verbringt ein Kind etliche tausend Stunden im Kindergarten und noch viel mehr zu Hause. In den sechs Jahren vor der Einschulung sollte sich das Kind in der Regel zu einem kompetenten Schulkind entwickelt haben. Es sollte sich frei entfalten, verschiedene Dinge ausprobieren und sich somit reichhaltig und vielfältig erproben können. Es hat normalerweise ein gewisses Repertoire an Erfahrungen (positiven und negativen), hat erlernte Fähig- und Fertigkeiten verinnerlicht, konnte beobachten, nachahmen und ausprobieren. Es konnte den Körper in vielfältigen Einsatzmöglichkeiten erproben, die eigenen positiven Kräfte spüren und zu einem guten Körperbewusstsein finden. Es durfte mithelfen und aktiv sein, Fertigkeiten, Handlungen, Verhaltensweisen und Vorgehensweisen abschauen, nachahmen und einüben. Dem Kind wurden Dinge und Handlungen erklärt und es wurde, wo immer möglich, beteiligt, sodass seine gefestigten Fertigkeiten sich weiterentwickeln und sein Entwicklungsstand sich altersentsprechend aufbauen konnten. Hat ein Kind all die eben beschriebenen Möglichkeiten bekommen und verlief die Entwicklung kontinuierlich und altersentsprechend, so spricht man im Allgemeinen von einer gut entwickelten Schulfähigkeit oder Schulreife.

> Wie definieren Sie *Schulfähigkeit*? Auf welches Mindestniveau haben Sie sich in Ihrem Team geeinigt? Und wie dokumentieren Sie dieses? Was sollte ein Kind Ihrer Meinung nach bis zur Einschulung gelernt haben? Machen Sie eine Liste mit konkreten, also überprüfbaren Kriterien und diskutieren Sie diese mit Ihren Kolleginnen.

Unter Schulfähigkeit oder Schulreife wird das Zusammenspiel körperlicher, sozialer, emotionaler und kognitiver Fähigkeiten sowie die Berücksichtigung der Arbeitshaltungen und Leistungsbereitschaft eines Kindes verstanden. Damit Kinder in der Schule gut bestehen können, brauchen sie Einstiegswissen und geübte Fähigkeiten, die sogenannten Vorläuferfunktionen – auf denen dann Schule bzw. schulisches Lernen aufbauen kann – ein sogenanntes Mindestniveau. Fehlt dieses, so kommt es in der Schule meistens zu Problemen. In erster Linie sind Eltern als Ersterziehende für dieses Mindestniveau verantwortlich. Daher tragen sie nach wie vor eine enorm hohe Verantwortung für das Anlegen der Vorläuferfunktionen ihrer Kinder, aber auch das Erbgut und die individuellen Anlagen des Kindes spielen eine enorme Rolle und natürlich die Qualität der Krippe, des Kindergartens, der Kita, die ergänzend mit dem Kind arbeitet.

Wie Sie bereits gelesen haben, besitzen Kinder von sich aus die Motivation zu lernen, sich zu entwickeln und Wissen zu erwerben. Sie sind sozusagen aktive Gestalter ihres Lernens, denn von Beginn an suchen sie neugierig nach Lernsituationen und -anreizen in ihrer Umgebung. Jedes Kind besitzt daher eine individuelle *Weltwissensliste,* die bereits vor der Kindergartenzeit angefangen, im Kindergarten erweitert und bis zur Einschulung vervollständigt wurde. Mit dieser geht es dann in die Schule.

Das eine Kind kennt beispielsweise einige Sternbilder am Himmel, aber vielleicht nicht den Unterschied zwischen Frosch und Kröte. Ein anderes Kind hat schon einmal ein kleines Musikinstrument gebaut, aber dafür noch nie mitgeholfen, ein Blumenbeet anzulegen. Das eine Kind kann gut malen, das andere dafür schwimmen, das eine Kind spielt gern Uno, das andere baut schöne Türme aus Lego. Jedes Kind ist anders, hat also spezielles Wissen für seine individuelle Weltwissensliste zusammengetragen.

Wenn wir uns über die Schulfähigkeit unterhalten, spielt auch immer die Vorbildung der Kinder eine Rolle. Alle Kinder benötigen ein sogenanntes Grund- oder Basiswissen. Ich wünschte mir, dies wäre für alle Eltern ein wichtiger Aspekt in ihrer Erziehung, denn zu oft habe ich während meiner Berufstätigkeit erlebt, dass Kindern grundsätzliches Wissen oder elementare Basisfähigkeiten fehlen. Leider gilt dies auch zunehmend für Werte oder Benimmregeln, die das mitmenschliche Zusammenleben ermöglichen. Daher rutscht die Kita in eine immer mehr Familien ersetzende Rolle hinein und muss Grundlagen ganz neu anlegen und aufarbeiten.

Vielleicht stutzen Sie an dieser Stelle und denken, dass gilt doch wohl nur für Krippenkinder und bestimmt nicht für Kinder im Kindergartenalter – leider doch. Unsere Wissensgesellschaft und mediale Welt mit Handy, Computer, Internet, Fernsehen, Playstation, Wii und Nintendo beeinflusst unsere Kinder extrem, sodass immer mehr einfache, aber wichtige Grundlagen und Erfahrungen im Elternhaus nicht mehr gemacht werden. Neue Lebenswelten entstehen.

Kinder wachsen heute in einer Zeit des schnellen Wandels auf. Ländergrenzen spielen in Europa keine Rolle mehr und daher leben immer mehr Kinder in mehrsprachigen und mehrkulturellen Familien. Eltern müssen Beruf und Familie vereinbaren und wollen heutzutage gleichberechtigt beides: Kind und Karriere. Leider gelingt das nicht immer so selbstbewusst und einfach. Um beides zu schaffen und allem gerecht zu werden, reiben sich Eltern häufig auf und überfordern sich und ihre Kinder. Mehr Gelassenheit wäre prima, aber das wird häufig erst zu spät erkannt. Und so nagt das schlechte Gewissen an ihnen, da sie glauben, es hänge von ihnen ganz allein ab, ob eine Kindheit glücklich ist und gelingt.

Wie viel Potenzial verschwenden wir, wenn wir Kindern entsprechende Entwicklungsmöglichkeiten am Anfang nicht bieten? Was, wenn sich niemand Zeit für sie nimmt? Es geht nicht darum, unsere Kinder permanent zu fordern, indem wir sie mit Wissen vollstopfen oder sie von einem Angebot zum anderen fahren. Nein, es geht vielmehr um qualitative Zeit mit dem Kind, um Beziehung und Bindung, die gesunde Balance zwischen emotionaler Nähe, spielerischer Förderung und kreativem Freiraum. Außerdem brauchen Kinder vielfältige Möglichkeiten, gut dosiert und dem Entwicklungsstand angepasst. Schulfähigkeit ist ein individueller, lang dauernder Prozess, der von Ihnen als Erzieherin professionell und qualitativ gut begleitet werden muss. Dies setzt voraus, dass Sie die Kinder kontinuierlich beobachten, Bedürfnisse oder Lerninteressen der Kinder ermitteln und darauf aufbauend für jedes Kind Lern- oder Bildungsziele festlegen. Überlegen Sie sich, mit welchen Methoden und Angeboten Sie diese Ziele erreichen. Schaffen Sie einen immerwährenden Kreislauf aus Beobachtung – Lernzielfestlegung – Angebot und Reflexion. Prüfen Sie, ob die Methodenauswahl ausreichend war und die Lernziele auch erreicht wurden. Wenn ja? Prima, dann ist das Kind auf seinem Weg zur Schulfähigkeit weitergekommen. Wenn nein? Dann müssen neue Methoden gefunden und andere Angebote für das Kind zusammengestellt werden, damit die Lernziele erreicht werden.

Außerdem muss das Grundbedürfnis der Kinder gemocht, akzeptiert, geliebt und wertgeschätzt zu werden, gerade in den ersten Entwicklungsjahren im Vordergrund stehen. Ein Kind muss spüren: So wie ich bin, bin ich in Ordnung – ich darf ich sein. Das ist besonders wichtig, denn durch diese Haltung entwickelt sich beim Kind seine persönliche Selbst-Einschätzung. Wie Kinder über sich selbst denken, hängt zum größten Teil von den

Eltern als Ersterziehenden und den zweiten Erziehenden, also Ihnen als Erzieherin in Krippe und Kita, ab. Aber auch die Lehrer aus der Grundschule haben Einfluss auf die Selbstwahrnehmung der Kinder.

Klären Sie in Ihrem Team, was Schulfähigkeit für Sie bedeutet und ausmacht. Stimmen Sie Ihre Einschätzung und Kriterien selbstbewusst und auf gleicher Augenhöhe mit der Grundschule in ihrem Einzugsgebiet ab, sodass beide Institutionen von der gleichen Basis ausgehen.

Hier einige Anhaltspunkte, die sich auch als begleitende Beobachtungs-, Dokumentations- sowie Überprüfungshilfe anbieten, zur Festlegung der Lernausgangslage und Schulfähigkeit eines Kindes.[1] (Hinweis: Kein Kind kann alles und niemand ist hundertprozentig perfekt in allem. Dennoch sollten gewisse Basiskompetenzen vorhanden sein. Verstehen Sie die folgenden Ausführungen daher bitte als Richtschnur).

5.1 Körperlich-motorischer Bereich

Ein Kind, das zur Schule kommt, sollte belastbar sein. Die Größe und das Gewicht spielen dabei eher eine untergeordnete Rolle. Viel wichtiger ist, dass das Kind in der Lage ist, den Schulalltag körperlich zu bewältigen, z. B.: Schultasche tragen oder lange still sitzen. Es sollte ferner über eine gute Raum-/Lageorientierung verfügen, d. h., dass es weiß, wie sich sein eigener Körper zum Raum verhält (dahinter, davor, oben, unten, dazwischen usw.).

Das Kind sollte über eine gute Körperkoordination verfügen, d. h., dass es beispielsweise den *Hampelmann* springen, sich im Seitgalopp vorwärts bewegen und über ein Seil balancieren kann. Ebenso soll es über eine gute Hand-Augen-Koordination verfügen. Diese Fähigkeiten sind Vorläuferfunktionen für das Lesen, Schreiben und Rechnen lernen. Ein Beispiel, bezogen auf die Mathematik, soll dies verdeutlichen: Wer nicht über seinen eigenen Körper erfahren hat, was *dazwischen*, *davor* (ein Vorgänger) oder *dahinter* (ein Nachfolger) bedeutet, kann später beim Rechnen auch nicht nachvollziehen, was der Vorgänger von 26 oder der Nachfolger von 38 ist. Wer nie auf einer Treppe eine Stufe übersprungen hat, um sie hochzugehen, oder über Steine gehüpft ist und dabei immer den einen oder anderen übersprungen oder ausgelassen hat, kann auch nachher nur mit Schwierig-

---

1 Angelehnt an Karl Heinz Barth (2002): Die Diagnostischen Einschätzskalen (DEZ) zur Beurteilung des Entwicklungsstandes und der Schulfähigkeit. München.

keiten mit Überschlag rechnen (nach dem System *eins im Sinn*). Oft fehlt das innere Bild, die Grunderfahrung.

Wie soll sich jemand später auf einem Arbeitsblatt zurechtfinden und es strukturieren können, wenn er keine gute Raum-/Lageorientierung hat und nie selbst erlebt hat, was oben und unten, rechts oder links überhaupt bedeutet – die Raum-/Lageorientierung also nicht verinnerlicht hat.

Ebenso verhält es sich beim Schreiben und Lesen. 50 % unserer Buchstaben unterscheiden sich lediglich durch ihre Lage im Raum / Anordnung auf der Linie. Das Schreiben, Lesen und Rechnen hat daher sehr viel mit körperlicher Wahrnehmung und Erfahrung zu tun. Ein Kind sollte auch den feinmotorischen Anforderungen des Schreibens gewachsen sein. Damit ist gemeint, dass es mit seinen Händen eine bestimmte Geschicklichkeit erworben hat. Es sollte beispielsweise einen Stift richtig halten und die Kraft richtig dosieren können. Das bedeutet, dass es den Stift weder zu fest noch zu sanft aufsetzt. Es sollte ferner geschickt mit der Schere und dem Klebstoff umgehen, sowie sicher mit Gegenständen hantieren können (z. B. etwas eingießen, ohne es zu verschütten, oder ein Paprikastück in kleine Teile zerschneiden). Das Kind sollte Spiele beherrschen, die eine gewisse Geschicklichkeit erfordern (z. B. mit einer Pinzette kleine Erbsen in die Ausbuchtungen der Seifenunterlage einlegen, Mikado, kneten etc.).

Je mehr Bewegungsalternativen das Kind hatte (z. B. im Garten, im Wald, auf der eigenen Wiese vor dem Haus, im Kindergarten, im Sportverein usw.), desto besser konnte sich seine Körperorientierung und Handlungskompetenz entwickeln. Denn neben den körperlichen Fähig- und Fertigkeiten entwickelt sich beim Kind bei der aktiven Auseinandersetzung mit dem Körper auch ein erweitertes Bewusstsein für neue Einsatzmöglichkeiten, Bewegungsabläufe und Kenntnisse, wie z. B. von Materialien. Hierzu ein Beispiel: Hat das Kind bei Ihnen im Kindergarten, in der Turnhalle, die Möglichkeit mit verschiedenen Materialien zu spielen, zu arbeiten und sich zu erproben, wird neben der körperlichen Geschicklichkeit auch sein Intellekt angeregt. Es experimentiert erst einmal mit dem Material und vor allen Dingen mit seinem Körper, indem es beispielsweise die Tragfähigkeit oder die Belastbarkeit seiner Konstruktion überprüft. Es testet Kombinations- und Konstruktionsmöglichkeiten, denkt sich neue aus und erlebt sie in der Vielfältigkeit immer wieder neu. Darüber hinaus setzt es sich mit Problemlösungsmöglichkeiten auseinander und erkennt in diesem Zusammenhang vielleicht, dass es immer zwei Wege zum Ziel gibt. Das strategische Denken – zum Finden verschiedener Lösungsmöglichkeiten – wird trainiert und das Kind erlebt seine Grenzen und Möglichkeiten im eigenen Tun und Können (in all seinen Abstufungen). Es lernt sich selbst einzuschätzen und zwischen Waghalsigkeit und Mutigsein zu unterscheiden, da es auch das Material bzw. die Konstruktion in seinen Abstufungen und Gesetzesmäßigkeiten kennenlernt (z. B.: schmal und breit, langsam und schnell, groß und klein, beweglich und starr, hart und weich, glatt und rau, kippelig und fest, schwer und leicht usw.). Zusammengefasst bedeutet körperliche Schulfähigkeit:

- dass ein Kind seinen Körper beherrschen kann und seine Körperteile kennt,
- dass es bestimmte Bewegungsabläufe bewusst und sicher einsetzen kann,
- dass es grundlegende grob- und feinmotorische Bewegungsabläufe beherrschen kann, wie z. B.: Balancieren, Ein-Bein-Stand, Ein-Bein-Hüpfen, Hampelmann springen, Überkreuzbewegungen, klettern, rennen, schneiden, kneten, einen Stift richtig führen oder eine Schere richtig bedienen.

5.2 Sozial-emotionaler Bereich

Ein Kind, das zur Schule kommt, sollte sich als einzigartig erlebt und erfahren haben. Es sollte bereit sein, Kontakt zu anderen aufzunehmen und den Mut haben, sich von vertrauten Personen zu lösen und sich in einer größeren Gruppe zurechtzufinden, sich in der Gruppe angesprochen und mitverantwortlich fühlen und somit über ein Mindestmaß an Gruppenfähigkeit verfügen. Das bedeutet, dass es sich einordnen und an Absprachen bzw. Regeln halten kann. Es sollte sich auf Gruppenmitglieder einlassen können, indem es Hilfe annehmen, aber auch geben kann. Des Weiteren sollte das Kind ein gesundes Verhältnis zu Distanz und Nähe aufweisen. Es sollte sich angemessen gegenüber fremden Kindern und Erwachsenen verhalten können.

Ebenso sollte das Kind in der Lage sein, eigene Bedürfnisse und Wünsche in angemessener Weise zurückstellen zu können. Das bedeutet, dass es verzichten oder abwarten kann, aber andererseits auch in entsprechenden Situationen die eigene Meinung, die eigenen Wünsche, Bedürfnisse und Ideen vertreten und durchsetzen kann. Diese Fähigkeiten sind oft schon als Vorläuferfunktionen im Kindergarten angelegt oder durch die Eltern in der eigenen Erziehung aufgebaut worden. Bei sozial unsicheren Kindern fehlen diese Fähigkeiten häufig.

Kinder, die schon früh erlebt haben, dass man ihnen zuhört, ihre Meinung wertschätzt und respektiert (damit ist jedoch nicht gemeint, dass sie immer Recht bekommen oder ihren Willen immer durchsetzen können) sowie sie an Entscheidungen oder Absprachen beteiligt, fällt es zunehmend leichter, sich in eine Gruppe positiv einzubringen.

Wenn Kinder sich viel mit anderen Kindern erproben konnten, wenn sie Absprachen treffen und aushandeln mussten (auch mit der folgenden Konsequenz), wenn sie sich engagieren und einbringen konnten, aber auch gelernt haben, sich zurückzunehmen, damit andere Kinder ihre Bedürfnisse und Wünsche ausleben konnten, dann haben sie meistens ein gesundes Sozialverhalten, welches ihnen das Zusammensein in einer Klassengemeinschaft ermöglicht. Dies schließt auch ein, dass Kinder bewusst erlebt und gelernt haben – und zwar vor der Schule – wie streiten geht und wie sie konstruktiv (ohne Gewalt) mit einem Konflikt umgehen. Gemeinsam eine Lösung finden können, einander zuhören und aussprechen lassen, das sind in diesem Zusammenhang Schlüsselqualifikationen. Dies bedeutet nicht, dass ein Kind diese Fähigkeit perfekt beherrschen muss. Es sollten aber Ansätze erkennbar sein. Ausreifen muss diese Fähigkeit im weiteren Leben. Bedenken Sie, dass Sie sicherlich auch einige Erwachsene kennen, die in diesem Bereich noch so manche Schwierigkeit besitzen.

All jene eben beschriebenen Haltungen gelten gleichsam für die emotionale Reife und somit Schulfähigkeit eines Kindes. Selbstvertrauen, Selbstbewusstsein, Selbstständigkeit sowie die Frustrationstoleranz (aushalten können zu versagen oder zu verlieren) können sich nur bilden und entwickeln, wenn das Kind sich im eigenen Körper wohlfühlt, sich geliebt und angenommen fühlt.

Dass die Gefühle des Kindes vor der Einschulung in Aufruhr geraten und sich Zweifel und Vorfreude vermischen, sich vielleicht auch Angst unterschwellig breit macht, ist völlig normal und in Ordnung. Jeder Erwachsene (und vielleicht besonders Sie als Berufseinsteigerin) kann diese Gefühle der Kinder nachempfinden. Selbstverständlich haben wir alle den Tag der Einschulung selbst erlebt und auch danach unzählige Male in anderen Formen erleben müssen (Schulwechsel, Arbeitsstellenwechsel, Umzug, Neubeginn usw.), wie sich dieser Zustand des Neuen anfühlt. Das mulmige Gefühl vor dem Unbekanntem, vor der neuen Herausforderung kennt jeder. Dennoch sind parallel zu diesem mulmigen Gefühl auch die Neugierde, das Interesse und die Anstrengungsbereitschaft da.

Jedes Kind freut sich in der Regel auf seine Einschulung. Und so habe ich damals auch mit einem wohlwollenden Lächeln die abfälligen Äußerungen unserer Großen aus dem Kindergarten zur Kenntnis genommen, wenn es da gut acht bis zehn Wochen vor der Entlassung aus dem Kindergarten hieß: »Kindergarten Schweinebraten«, »Das ist ja alles Babykram«, »Das können wir doch schon.« Ich wertete diese Äußerungen dann als Entwicklungsfortschritt und freute mich darüber, dass die Kinder sich auf ihre neue Herausforderung in der Schule freuen.

Ein Kind, das keinerlei Interesse an der Einschulung bzw. an der Schule zeigt und nur negative Gefühle in diesem Zusammenhang äußert, sollte viel eher Aufmerksamkeit erregen. Solch ein Verhalten ist nicht altersentsprechend. Kinder, die in die Schule kommen, sollten gefühlsmäßig ausgeglichen sein und an sich glauben.

Generell haben Kinder ein sehr gutes Gespür für sich selbst. Sie wissen sehr wohl, was sie können oder wo sie noch Schwächen haben. Sie sollten bereit sein, sich den neuen Herausforderungen bzw. Anforderungen oder Aufgaben zuversichtlich und in freudiger Erwartung zu stellen bzw. sie zu übernehmen. Ein Kind, welches zur Schule kommt, sollte in der Lage sein, altersentsprechend mit Fehlschlägen oder Misserfolgen umzugehen, d. h., diese dosiert aushalten können, ohne sofort aufzugeben oder sogar an sich selbst zu zweifeln. Diese Frustrationstoleranz kann jedoch nur gelingen, wenn Kinder ein gesundes Selbstwertgefühl, Selbstvertrauen und Selbstbewusstsein entwickeln konnten. Dem einem Kind gelingt das besser und dem anderen weniger, je nach Charaktereigenschaft und Erfahrungswerten. Daher brauchen die Kinder auch noch über den Schuleintritt hinaus gerade in diesem Bereich die konkrete Unterstützung durch die Eltern und Lehrerinnen sowie weiterhin eine fehlerfreundliche Lernumgebung.

5.3 Leistungsorientierter Bereich

Ein Kind, das in die Schule kommt, sollte gute *Intelligenzbegleiter* besitzen. Doch was sind Intelligenzbegleiter?

Eine Grundschullehrerin erklärte mir einmal vor vielen Jahren auf einem Elternabend Folgendes: »Was nützt mir ein Kind mit einem IQ von 120, wenn ihm die Intelligenzbegleiter fehlen.« Auf mein Nachfragen hin ergänzte sie: »Ja, überlegen sie doch einmal: Ein Kind, das nicht mit Eigenmotivation und Leistungsbereitschaft an eine Sache herangeht, mit Konzentration und Ausdauer daran arbeitet und die Durststrecke der Lösungsfindung nicht durchhält, bringt sich doch letztendlich um das Beste, nämlich um das Ergebnis, um das Erfolgserlebnis. Nun frage ich Sie, was nützt einem Kind dann sein IQ von 120? Da ist mir ein Schüler mit normalem IQ wesentlich lieber, wenn dieser dann gut zuhören kann, sich begeistert an die Aufgabe macht, konzentriert und aufmerksam dabei ist, vielleicht ein wenig länger braucht, aber mit Eifer dabei bleibt, durchhält und somit letztendlich mit Stolz das Ergebnis präsentieren kann!«

Ein Kind sollte über folgende Intelligenzbegleiter verfügen und für den leistungsorientierten Bereich der Schulfähigkeit Folgendes mitbringen:

- Konzentrationsfähigkeit und Ausdauer (15–20 Minuten),
- Angemessenes Arbeitstempo (flott, zügig),
- Durchhaltevermögen (eine gestellte Aufgabe von Anfang bis Ende durchhalten)
- und die generelle Bereitschaft, eigenmotiviert an etwas heranzugehen. Das Kind sollte sich für eine Sache begeistern können. Es sollte in der Lage sein, Reize in einer Situation angemessen zu filtern. Es sollte gelernt haben, Unwichtiges von Wichtigem zu unterscheiden und zu trennen sowie Reize auszublenden, die im Moment nicht wichtig sind und somit seiner Aufmerksamkeit nicht bedürfen. Beispielhaft lässt ich folgende Szene skizzieren: Das Kind kann sich beim Diktat auf die Sätze der Lehrerin konzentrieren und blendet parallel dazu den vorbeifahrenden Trecker, das Naseputzen des Mitschülers, das Husten des Jungen in der Reihe hinter ihm und das Schaben der Schuhsohlen vom Mädchen zwei Tische weiter vor ihm aus. Das Kind muss somit letztendlich unterscheiden können, was ist wichtig und was ist unwichtig. Wem und was schenke ich jetzt, in diesem Moment, meine ganze Aufmerksamkeit?

Um dies bewältigen zu können, sollten Kinder vor der Schule bereits die Möglichkeit bekommen haben, sich in verschiedenen Stresssituationen zu erproben. Hiermit ist beispielsweise gemeint: Etwas durchgehalten zu haben und zwar von Anfang bis zum Ende oder unter erschwerten Bedingungen, wie z. B. unter Zeitdruck, weil die Holzwerkstatt um 11 Uhr verlassen werden muss und am nächsten Tag nicht mehr zur Verfügung steht. Damit ist nicht gemeint, dass man Kinder permanent unter Druck setzen soll. Es schadet aber auch nicht, hin und wieder eine Anforderung an sie zu stellen, sie herauszufordern und sie somit unter erschwerten Bedingungen spielen oder arbeiten zu lassen. Fördern durch Fordern – das ist eine gute Übung für die Schule. Dieses Vorgehen trainiert das konzentrierte Arbeiten und die Eigenorganisation. Wenn Kinder sich in solchen Situationen erfahren haben, fällt es ihnen im späteren Leben leichter, unter erschwerten oder angespannten Bedingungen zu lernen und zu arbeiten.

5.4 Kognitiv-geistiger Bereich

Bei diesem Bereich fällt auf, dass er, wenn es um die Schulfähigkeit bei Kindern geht, oft von Eltern als Erstes genannt und gleichsam oft überschätzt wird. Der individuelle Wissensstand oder gar erste Fähigkeiten beim Lesen, Schreiben oder Rechnen sind mit Sicherheit keine Kriterien, die über die tatsächliche Schulfähigkeit Auskunft geben. Nur eine gute Kompetenz in allen Bereichen befähigt das Kind letztendlich den schulischen Anforderungen zu genügen. Im Folgenden werden die wichtigsten geistigen Fähigkeiten, die zum Schuleintritt mitgebracht werden sollten, benannt.

Sinneswahrnehmung: Kinder lernen ganzheitlich, d.h., mit allen Sinnen (Sehen, Hören, Tasten, Riechen, Schmecken). Je öfter ein Kind diese Sinne erproben und miteinander verknüpfen konnte, desto besser kann es in der Schule gespeicherte Eindrücke blitzschnell wieder abrufen, ganzheitlich einsetzen und verarbeiten. Mit allen Sinnen die Umwelt wahrnehmen heißt auch, das schulische Wissen vielschichtig abspeichern zu können. So wird beispielsweise der Buchstabe als Tastkarte gefühlt, wird als Phonem (als Laut) gehört, als Graphem (Schriftzeichen) gelesen und vielleicht sogar als Gebäck (Russisch Brot) geschmeckt. Wörter können in Silben zerteilt, geklatscht, gelegt, gestampft, gehüpft, gesungen, getrommelt, geschrieben usw. werden. Je mehr Sinne bei einer Aktion beteiligt sind, umso besser wird das Wissen über diese Aktion gespeichert und verinnerlicht.

Es geht nichts in den Verstand, was nicht vorher in den Sinnen war. Es geht nichts in den Kopf, was nicht vorher in den Händen war, denn Begreifen kommt vom Greifen.

Merkfähigkeit bzw. Gedächtnis (Lang- und Kurzzeit- sowie visuelles und akustisches Gedächtnis): Ein Kind sollte in der Lage sein, eine Zahlenkombination (Silbenkombination) bestehend aus mindestens fünf Ziffern (fünf Silben) nachsprechen zu können. D.h., es sollte sich z.B. die Zahlenreihe bzw. eine Telefonnummer merken: »7, 5, 2, 9, 6« oder das Quatschwort mit der Silbenreihe: »Re, lo, mo, do, wa« einprägen und reproduzieren können. Diese Fähigkeit, das Kurzzeitgedächtnis bewusst einzusetzen, braucht das Kind beispielsweise, um sich Tafelbilder zu merken und sie dann in sein Heft übertragen zu können. Aber genauso auch, wenn die Lehrerin einen Satz diktiert. Das Langzeitgedächtnis nimmt einen genauso wichtigen Stellenwert ein wie das Kurzzeitgedächtnis. D.h., das Kind sollte sich z.B. kleine Gedichte, Verse, Lieder oder Reime merken können und sie auch noch nach einigen Tagen wieder reproduzieren können. Die Merk- und

Gedächtnisfähigkeit eines Kindes ist eine wichtige Voraussetzung für das gesamte schulische Lernen.

Beobachtungsfähigkeit, Detailgenauigkeit: Für eine gute Beobachtungsfähigkeit braucht das Kind auch eine gute visuelle Wahrnehmung. Kinder sollten beispielsweise in Suchbildern Unterschiede finden oder in Suchbilderbüchern Details wiedererkennen können. Das Kind sollte auch erkennen können, wenn beispielsweise an Dingen kleine Veränderungen vorgenommen wurden. Wenn z. B. auf einem Tisch eine Schere, ein Bleistift, ein Buch und eine Blumenvase mit Blumen, ein Teller und ein kleines Auto steht – und das Kind den Raum verlässt, damit die Dinge verändert werden können, dann sollte die Ausgangssituation vom zurückgeholten Kind wieder hergestellt werden können. Es sollte nach einem kurzen bis langen Blick auf den Tisch erkennen können, was verändert wurde. Es sollte genau diese drei Veränderungen benennen können, indem es beispielsweise äußert: »Oh, es fehlen die Blumen in der Vase und der Teller fehlt … Das habt ihr weggenommen, das fehlt.« Diese Detailgenauigkeit bildet eine wichtige Basisfähigkeit für das Lesen und Schreiben lernen.

Unsere Buchstaben unterscheiden sich oft nur durch kleine Details, d. h., sie sehen ähnlich aus. Betrachten Sie die folgende Buchstabenreihe:
b/d w/v p/q t/f m/n.

Immer zwei der Buchstaben, die Sie hier sehen, erscheinen auf den ersten Blick ziemlich ähnlich und unterscheiden sich, wie eben schon erwähnt, lediglich durch kleine Details. Aber gerade diese Details sind es, die nachher beim Schreiben und Lesen wichtig sind. Kinder sollten auch schon vor der Schulzeit mit Wortbildern, also Wortkarten oder Buchstabenplättchen spielen und erste Erfahrungen mit der Unterschiedlichkeit von Buchstaben bzw. Wörtern sammeln. Ermöglichen Sie erste *Literacy*-Erfahrungen.

Eine gute Detailgenauigkeit und eine gute Beobachtungsgabe lassen sich beispielsweise gut fördern, indem man Kinder Dinge sortieren lässt, so etwa verschiedene Nudelsorten oder Knöpfe. Sie können dann z. B. überprüfen, ob wirklich die Farben der Knöpfe korrekt getrennt oder alle Knöpfe mit zwei oder vier Innenlöchern herausgesucht wurden oder eckige und runde Knöpfe in der Form sortiert worden sind. Aber auch alle anderen Dinge lassen sich sortieren, wie z. B. verschiedene Blätter (von unterschiedlichen Bäumen), Muscheln, Steine, Perlen, Autos, Tierchen usw. Eigentlich gibt es unendlich viele Möglichkeiten, bedenken Sie jedoch immer, dass es dem Kind Spaß machen muss und nicht zur Last wird. Unsere Welt ist so bunt und schön, es gibt jede Menge zu entdecken. Sie werden staunen, auf was sie alles im Wald oder auf der Wiese stoßen.

Sprechverhalten und Sprachverständnis: Der wohl wichtigste Aspekt für erfolgreiches Lernen ist die Beherrschung der Sprache. Ein Kind sollte andere Kinder und Erwachsene verstehen und sich so ausdrücken, dass es verstanden wird. Es muss im Prinzip die verschiedenen Dimensionen von Sprache beherrschen können. Generell sollte ein Kind über folgende sprachliche Fähigkeiten verfügen:

- Reime erkennen und selbst finden können (Hose – Dose – Rose),
- den Anlaut (d.h. den ersten Buchstaben eines Wortes) erkennen und auch benennen können (Affe: A – ffe),
- einen Zungenbrecher zu 90 % reproduzieren können,
- ein Wort in Silben klatschen bzw. trennen können, z.B.: Sonnenblume = Son – nen – blu – me,
- in ganzen Sätzen, grammatikalisch richtigen Sätzen sprechen können,
- einen Liedtext (ein bis zwei Strophen) sich merken und wiedergeben können,
- einen Rhythmus aufnehmen und auch nachklatschen können (z.B. klatsch, klatsch, klatsch – Pause – klatsch),
- ein kleines Gedicht auswendig aufsagen können (zwei bis drei Zeilen).

Eine gute sprachliche Entwicklung der Kinder erreichen wir generell, wenn wir viel mit ihnen sprechen. Wenn wir ihnen Bilderbücher und Geschichten vorlesen oder erzählen, mit ihnen singen, ihnen etwas erklären, ihnen zuhören und ihre Fragen beantworten und ihnen auch im Alltag generell viele Möglichkeiten geben, Sprache und auch Schriftsprache, Bilderbücher, Buchstaben, Wörter in ihrer Vielfältigkeit zu erleben.[2]

Wahrnehmung/Hand-Augen-Koordination: Ein Kind sollte Situationen erfassen können, d.h. erkennen können, ob etwas gefährlich, ordentlich, unsauber oder lustig ist. Es sollte Zusammenhänge wahrnehmen oder erkennen können, wie z.B.: »Was passiert, wenn …«, »Kann ich draußen spielen, wenn …«, »Wenn der so guckt, ist er bestimmt …« Ferner sollte es Gegensätze erkennen und benennen können, wie »hell – dunkel«, »weich – hart«, »langsam – schnell« usw.

Unter Hand-Augen-Koordination wird das Zusammenspiel von Hand und Auge verstanden. Gemeint ist damit, dass Kinder kontrolliert:

---

2 Ergänzend können Sie auch mit Sprachförderkonzepten wie *Hören-Lauschen-Lernen*, *Apropos-Sprache* oder *Wir verstehen uns gut* (vgl. *Zum Weiterlesen* am Ende des Kapitels) arbeiten.

- auf einer Linie zeichnen können bzw. eine Linie nachfahren können,
- beim Ausmalen in den Abgrenzungen bleiben und nicht über den Strich malen,
- einen Ball aus ca. zwei Meter Entfernung fangen können,
- einen Luftballon prellen können,
- etwas einschütten und umfüllen können,
- Perlen auffädeln können usw.

Zusammengefasst: Die Hand und das Auge sollten gut und kontrolliert miteinander arbeiten. Das bedeutet gleichsam, dass das Kind geistig in der Lage ist, vorausschauend zu denken, z. B.: »Wenn ich zu schnell oder zu voll eingieße, schwappt die Flüssigkeit über.«

Zahlen und Mengenverständnis: Das Kind sollte die Fähigkeit zu Begriffs- und Mengenbildung mitbringen. Dies setzt voraus, dass es Vorläuferfunktionen im mathematischen Bereich entwickelt hat. Gemeint ist, dass es Begriffe wie »viel, wenig, mehr, höher, tiefer« usw. in seiner Bedeutung kennt und auch richtig einsetzen kann. Es sollte ferner über eine Gruppenbildungsfähigkeit verfügen. Damit ist gemeint, dass es Dinge nach seinen Eigenschaften sortieren und unterscheiden kann, etwa nach Farben, Formen, Besonderheiten (vgl. Knöpfe sortieren).

Kinder, die in die Schule kommen, sollten bis zehn mit *Tapping* (auf das Objekt zeigen, während die Zahl genannt wird) abzählen können, um auch das Mengenverhältnis begreifen zu können. D. h. zehn Autos sind genauso viel wie zehn Ameisen – obwohl die Ameisen kleiner sind, also weniger Platz benötigen.

Zu guter Letzt sollten sie auch in der Lage sein, Reihen sinnvoll weiterzubilden. Diese Wahrnehmungsfähigkeit ist nicht nur für die Mathematik wichtig, sondern auch für das Schreiben und Lesenlernen. Gemeint ist die genaue Einhaltung und Weiterführung einer bestimmten Reihenfolge. Eine Reihe sinnvoll zu vervollständigen kann u. a. durch das Auffädeln von Perlen nach einem vorgegebenem Muster oder das Legen von Materialien in einer bestimmten Reihenfolge, z. B. Blatt, Stöckchen, Stein, Muschel, Blatt, Stöckchen, Stein, Muschel usw., geübt werden. Eine Reihenfolge einzuhalten kann ebenso auch im Kindergartenalltag geübt werden wie z. B. am Frühstückstisch: Erst die Tasche holen, dann auspacken und Wasser oder Milch eingießen, dann frühstücken, danach den Teller und die Tasse spülen, dann abtrocknen, danach wieder auf den Tisch stellen und zum Schluss die Tasche wieder wegbringen usw. Wenn Kinder dieses Prinzip auf vielfältige Weise spielerisch üben und erfahren konnten, fällt es ihnen beim Schreiben später leichter, eine Satzreihenfolge oder Rechenfolge korrekt einzuhalten.

Logisches Denken: Das Kind sollte eine Begebenheit, eine Handlung erkennen können und es sollte beschreiben, warum es etwas getan hat. Es sollte z. B. eine Bildergeschichte in der richtigen Reihenfolge sortieren und die Bilder in einem sinnvollen Zusammenhang beschreiben können.

Das Kind sollte ebenso in der Lage sein, aus zwei Wörtern ein Wort zu machen und umgekehrt, z. B.: Hand plus Schuh gleich Handschuh oder umgekehrt – Handschuh gleich Hand plus Schuh.

Altersentsprechende Problemstellungen sollten zum Schuleintritt für das Kind erkennbar sein. Ein Beispiel: Das Kind greift nach der Klebeflasche, die leer ist, und erkennt, dass es etwas unternehmen muss, um das Problem zu lösen. z. B. die Erzieherin fragen, ob sie einen neuen Kleber hat. Man sollte aber auch erkennen können, ob das Kind fähig ist, eine Alternativlösung zu finden, z. B. indem es erkennt, dass es auch ganz auf flüssigen Kleber verzichten kann und beispielsweise Tesafilm benutzt, um das Problem zu lösen. Wichtig ist, dass Kinder gelernt haben, eine Strategie zu entwickeln, um mit dem Problem fertig zu werden.

Farb- und Formwahrnehmung: Ein Kind sollte die Grundfarben (rot, gelb, grün, blau) und Grundformen (Dreieck, Kreis und Viereck / Quadrat) unterscheiden können. Dabei soll es nicht unbedingt auf die korrekte Bezeichnung (z. B. Quadrat) ankommen, sondern auf die Unterscheidungsfähigkeit der Formgestalt.

Weltwissen: Jedes Kind, das zur Schule kommt, sollte über ein spezielles und altersentsprechendes Individualwissen verfügen. Es sollte über Kenntnisse zur eigenen Person, der Familie, über Dinge und Tiere, die Natur und Jahreszeiten, Nahrungsmittel und Verkehrsmittel, Naturgesetzmäßigkeiten sowie vieles andere durch die Eltern und den Kindergarten vermittelte Wissen verfügen.

Erschrecken Sie bitte nicht vor der genannten Voraussetzungsfülle. Natürlich kann ein Kind nicht in all den eben beschrieben Bereichen gleich gut sein bzw. sie gleichermaßen beherrschen. Das ist auch völlig normal und legitim, da niemand vollkommen und perfekt ist – uns Erwachsene eingeschlossen.

Einige Kinder können und wissen bereits viel mehr als die Schule voraussetzt oder erwartet. Viele Kinder können bereits zählen, einfache Rechenaufgaben lösen und einige Buchstaben und Wörter schreiben, können Lieder singen und Reime aufsagen sowie kleine Gedichte vortragen und sind sicher im Umgang mit ihrem Körper und selbstständig im Umgang mit Handlungsabläufen.

Ihre Hauptaufgabe als Erzieherin besteht darin, die Lernbegierde und Lernfreude der Kinder zu erhalten und sie mit allen Kräften darin zu unterstützen. Unter Berücksichtigung der individuellen Möglichkeiten und Fähigkeiten müssen Sie dafür Sorge tragen, dass dieser Motor jeglichen Lernens – die Neugierde, die Lernmotivation – nicht zum Stehen kommt. Dies schaffen Sie durch ein gesundes Maß an Anregung und Zurückhaltung, durch Förderung und Freiraum. Nicht zu viel erwarten (damit die Lernfreude nicht durch den Druck verloren geht) und nicht zu viel befürchten (damit sich keine Ängste einstellen), sondern vielmehr den Kindern etwas zutrauen. Das gelingt auch Eltern umso besser, je mehr sie während der Kindergartenphase über Entwicklungsschritte informiert wurden und beispielsweise mithilfe des Portfolios des Kindes deren Entwicklung und Lernprozesse nachvollziehen konnten. Durch eine solche Vorgehensweise akzeptieren sie, dass Lernen etwas ganz individuelles ist.

Jedes Kind hat seine ganz eigene individuelle Lernmethode und sein ureigenstes Lerntempo. Über eine gute Lerndokumentation und ggf. ergänzende Beobachtungstagebücher oder Lerngeschichten können Sie das Eltern sichtbar und deutlich machen.

Das Gras wächst nicht schneller, wenn man daran zieht.
Afrikanisches Sprichwort

5.5 Elterngespräche vor der Einschulung

Im Folgenden finden Sie einige Argumente für Gespräche mit Eltern, die sich als hilfreich erweisen haben und die deutlich aufzeigen, warum man in aller Regel der Einschulung gelassen entgegensehen kann:

- Die altersgerechte Entwicklung wird in aller Regel durch den Kindergarten kompetent begleitet. D. h., Sie als Erzieherin haben die Entwicklung des Kindes im Blick, dokumentieren diese und können immer wieder Rückmeldung über die Entwicklung und das Vorankommen des Kindes geben.
- Eine Vielzahl der zuvor genannten Voraussetzungen und Erwartungen sind oft bereits bis zum Schuleintritt angelegt bzw. erfüllt oder erfüllen sich in

den ersten Schulwochen, denn dann machen viele Kinder einen enormen Entwicklungsschub.

- Die Aufgaben des ersten Schuljahres sehen vor, dass die unterschiedlichen Ausgangssituationen der einzelnen Schüler berücksichtigt und entsprechende Anforderungen und Hilfe auch auf diese ausgerichtet werden. D. h., dass die Kinder durchaus zu Beginn des ersten Schuljahres Zeit haben, Dinge aufzuholen, die sie bis dahin noch nicht können.
- Die Schule knüpft in den ersten Schulwochen an die pädagogische Arbeit des Kindergartens an. D. h., dass in dieser Eingewöhnungsphase das Lesen, Schreiben und Rechnen zwar vorbereitet, aber noch nicht systematisch angewendet wird. Die Messlatte der Bestimmungskriterien für Schulfähigkeit ist daher nicht so hoch, wie sie im ersten Augenblick scheint.

Zum Weiterlesen und Anschauen

Barth, K. (2000): Lernschwächen früh erkennen. Im Vorschulalter und Grundschule. München

Ettrich, K. U. (2000): Entwicklungsdiagnostik im Vorschulalter. Göttingen

Günster-Schöning, U. (2010): Apropos Sprache. www.apropos-sprache.de

Hüther, G. (2011): Stell dir vor es ist Schule und alle wollen hin. Kaufungen

Kahl, R. (2004): Treibhäuser der Zukunft. Wie in Deutschland Schulen gelingen. Filmdokumentation. Archiv der Zukunft. Hamburg

Krenz, A. (2009): Ist mein Kind schulfähig. München

Küspert, P. / Schneider, W. (2002): Hören, lauschen, lernen. Göttingen

Meindres-Lücking, F. / Loy, S. (2006). Wie schulfähig ist mein Kind. Freiburg.

Perels, F. (2009): Mit Kindern Lernen lernen. Selbstreguliertes Lernen im Kindergarten anleiten. Göttingen

Probst, H. / Günther, W. (2009): Bereit für die Schule? Ein Schnellverfahren zur Überprüfung des Lern- und Entwicklungsstandes von Kindern zum Schuleintritt. Donauwörth

Schlösser, E. (2001): Wir verstehen uns gut. Münster

Zey, R. / Zey, D. (2003): Auf einmal Schulkind. München

WÜTEN, MOTZEN, SCHLAGEN!
DAS GEWITTER KINDLICHER AGGRESSIONEN

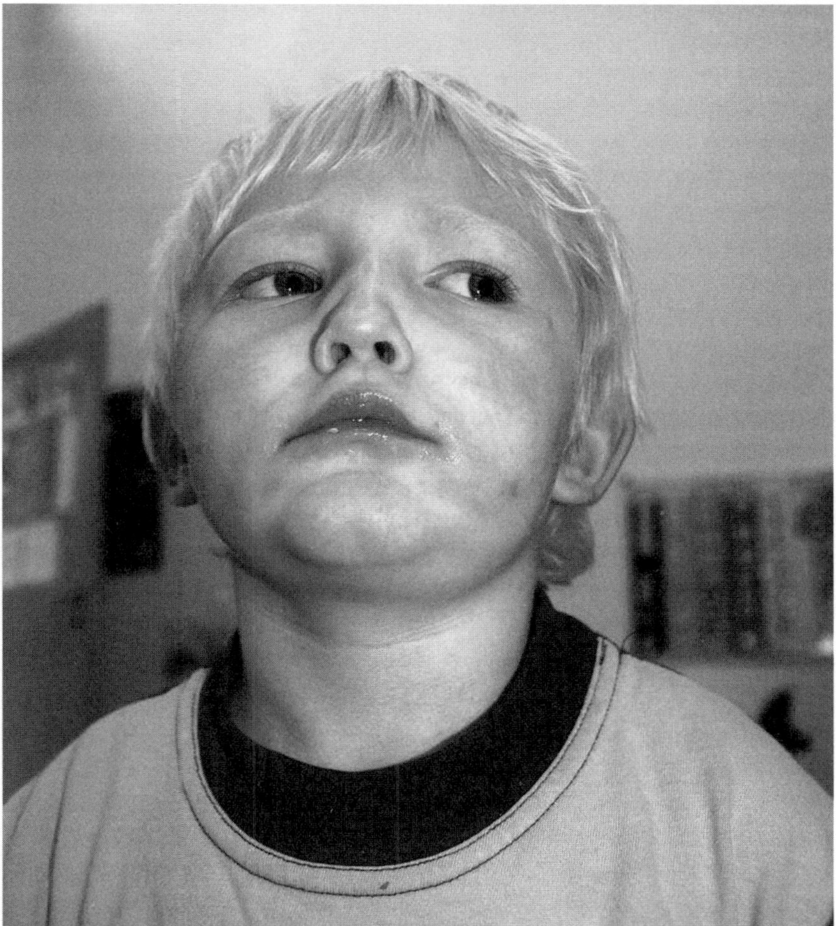

6. Wüten, motzen, schlagen! Das Gewitter kindlicher Aggressionen

Wenn wir an einem Kind etwas ändern wollen, sollten wir zuerst prüfen, ob es sich nicht um etwas handelt, das wir an uns ändern müssen.

Carl Gustav Jung

Jeder Mensch, Erwachsener oder Kind, wird mal mehr, mal weniger aggressiv. Uns wurden Gefühle wie Wut, Zorn und Ärger angeboren. Wenn wir uns über kindliche Aggressionsformen unterhalten und klären wollen, wie wir geeignet und angemessen darauf reagieren können, müssen wir uns erst einmal damit beschäftigen, was wir unter Aggressionen überhaupt verstehen und wie sie entstehen. Erst dann können wir Rückschlüsse und Ideen entwickeln, wie wir kindgerecht und angemessen mit ihren Erscheinungsformen umgehen können.

6.1 Wie entstehen Aggressionen?

Im Allgemeinen wird aggressives Verhalten durch Bedingungen hervorgerufen, unter denen sich Menschen beim Zugang bestimmter Ressourcen gegenseitig behindern. Z. B. wenn zwei Menschen zur gleichen Zeit am gleichen Ort unterschiedliche Bedürfnisse verwirklichen wollen, kommen sie sich schnell in die Quere.

Die sichtbaren Verhaltensweisen wie Gestik, Mimik und Sprache sowie Reaktionen, die diese unterschiedlichen Bedürfnisse auslösen, bezeichnen wir dann als mehr oder weniger aggressive Verhaltensweisen. Doch wie entstehen Aggressionen bei Kindern und Jugendlichen nun konkret? Ursachen können u. a. folgende Faktoren sein:

- sprachliche Barrieren,
- undeutliche Anweisungen,
- Gefühle, die nicht benannt werden,
- Stress durch Reizüberflutung oder Stress durch Über- bzw. Unterforderung,
- Medien wie Fernsehen, Computer und Nintendo-Spiele, gewaltverherrlichende Videos und DVDs,
- Bewegungsmangel,
- unsere gesellschaftlichen Umgangsformen,

- negative Umwelteinflüsse und Peer-Gruppen-Einflüsse,
- schlechte Vorbilder oder
- gewalttätige Erwachsene.

6.2 Aggression

Damit die Begriffe Aggression und Gewalt nicht gleichgesetzt und fehlinterpretiert werden, sollte man sich einer klaren Abgrenzung bewusst sein.

> Überlegen Sie bitte, welche negativen Verhaltensweisen Sie schon bei Kindern beobachtet haben? Welche Handlungen fallen Ihnen ein? Waren es aggressive oder gewalttätige Handlungen? Und kennen Sie den Unterschied zwischen gewalttätigem und aggressivem Verhalten? Frage: Was verstehen Sie eigentlich unter Aggressionen?

Schauen wir uns zunächst den Begriff *Aggression* etwas genauer an und leiten ihn vom lateinischen Wort *aggredi* ab. Er bedeutet so viel wie: *Herangehen an eine Sache* – im Sinne von sich einer Herausforderung stellen. Übertragen auf Handlungen bedeutet Aggression daher auch: etwas in Angriff nehmen – Ärmel hoch und los oder sich mit Engagement einer Sache stellen, sich gegen Widerstände durchsetzen. Von daher hat die Wortbedeutung Aggression erst einmal nichts mit Gewalt zu tun. Vielmehr bezeichnet diese Deutung des Wortes die gesteigerte Form von Lebensenergie.
Man könnte Aggression, also *aggredi,* aber auch so übersetzen: sich bemächtigen, Raum einnehmen. Dies spiegelt uns dann die ursprüngliche entwicklungsorientierte Funktion der Aggression wider, nämlich: sich selbst Raum verschaffen um sich weiterzuentwickeln. Von daher sind Aggressionen in erster Linie Gefühlszustände, die alle kennen und die auch bei allen Menschen vorkommen. Sie gehören sozusagen zur emotionalen Grundausstattung, die allerdings von jedem Menschen unterschiedlich wahrgenommen wird.

Aggressive Impulse sind ursprünglich sinnvoll und notwendig für eine positive Lebensbewältigung. Was jedoch für den einen ein beherztes Auftreten ist, wirkt auf den anderen schon aggressiv. Setzt sich jemand bei einer Diskussion engagiert und mit guten Argumenten beharrlich ein oder durch, sagt ein anderer: »Der ging aber aggressiv vor.« Bringt sich ein anderer nur wenig oder gar nicht ins Gespräch ein, sagt man über ihn vielleicht:

»Es fehlte ihm am nötigen Biss« und meint, er war nicht stark oder gar aggressiv genug. Sie sehen also, man benennt die gleichen Gefühle, erlebt sie aber sehr individuell.

Im täglichen Miteinander erleben die meisten Menschen allerdings sowohl ein Zuviel als auch das komplette Ausbleiben von Aggressionen als störend. Wer kennt in diesem Zusammenhang nicht folgende Bemerkungen: »Der hat ja gar kein Durchsetzungsvermögen« oder noch negativer: »Das ist ja ein Schlaffi« oder seit geraumer Zeit: »Der ist ja ein Weichei / ein Warmduscher.« Unter diesen Aspekten betrachtet, kann aggressives Verhalten also positiv als auch negativ wirken.

Generell ist eines klar, wir müssen mit Aggressionen bei Erwachsenen, Jugendlichen und Kindern rechnen. Sie sind notwendig und konstruktiv für eine gesunde Entwicklung. Das natürliche angeborene Aggressionspotenzial diente schon immer in erster Linie unserem Überleben und bis heute unserem Durchsetzungsvermögen, unserem Weiterkommen. Aggression, die in besonderer Energie und Durchsetzungskraft deutlich wird, ist in sozialen Beziehungen daher eine erforderliche Auseinandersetzungsform, um Grenzen zum Gegenüber abzustecken und Grenzerfahrungen zu machen. Sich abgrenzen zu können ist eine wichtige Basisfähigkeit für das spätere Leben.

> Wie setzen Sie Grenzen bei Kollegen, Freunden, dem Partner, den Eltern und Kindern Ihrer Gruppe? Wie setzen Sie sich durch oder für etwas ein? Beobachten Sie in nächster Zeit ganz bewusst, wie Sie Ihr Aggressionspotenzial positiv oder auch negativ, z. B. in einer Teamsitzung, einem Elterngespräch oder privaten Auseinandersetzung, einsetzen. Reflektieren Sie dann in dem Zusammenhang, welche Haltung, Gestik, Mimik, Gefühle und Sprache Sie verwendet haben und wie Ihr Gegenüber darauf reagiert hat.

Generell unterscheidet man zwischen vier Formen der Aggression:

1. Die gutartige, aktive, spontane, konstruktive Aggression (im Sinne von anpacken, loslegen, aktiv werden), sie wird häufig in der Schule oder im Berufsleben sogar erwartet.
2. Die defensive Aggression, die in Notwehrsituationen zum Ausdruck kommt. (Wenn sich beispielsweise ein Mensch zur Wehr setzt, weil er sich bedroht fühlt. In diesen Fällen bestimmt Angst sein impulsives, aggressives Handeln. Dieser Bezug zwischen Angst und Aggression lässt sich häufig gerade bei Kindern und Jugendlichen feststellen.)

3. Die expressive Aggression ist jene Form der Außendarstellung, die wir von Sportlern erwarten, wie z. B. bei einem Fußballspiel, einem Boxkampf, einem Basketballspiel oder ähnlichen Sportarten mit Körperkontakt.
4. Die destruktive, feindselige, negative Aggression mit deutlicher Zerstörungstendenz und Gewalthandlungen kann als einzige Aggressionsform nicht geduldet werden, da alle Handlungen, die mit Absicht anderen schaden, Menschen oder Tiere verletzen oder Gegenstände zerstören, nicht akzeptiert werden dürfen. Diese bösartigen Teile der menschlichen Aggression sind uns nicht angeboren. Wir haben sie vielmehr im Laufe unseres Lebens erlernt. Diese destruktive Aggression meinen wir, wenn wir z. B. über die Zunahme von Gewalt bei Jugendlichen sprechen oder von zerstörerischen Gewaltakten und Übergriffen.

6.3 Gewalt

Unter *Gewalt* wird vieles gefasst, zumeist Dinge, die irgendwie negativ besetzt sind. Es gibt bestimmt über hundert verschiedene Erklärungsversuche und Bedeutungen des Begriffes »Gewalt«, sodass es einer genauen Eingrenzung bedarf. Wenn wir alle aggressiven Handlungen als Gewalt bezeichnen, wird die Begrifflichkeit verwässert. Es ist sehr wohl ein Unterschied, ob jemand böse angeschaut, angeschrien oder gar geschlagen wird. Sobald alles, was schlimm ist, mit Gewalt etikettiert wird, ist es im Prinzip dasselbe. Und dies bietet allen, die wirklich gewalttätig werden, die Möglichkeit, sich aus der Verantwortung zu ziehen.

Gewalt muss sehr genau definiert werden. Unter Gewalt versteht man allgemeingültig jede Form oder Maßnahme, die darauf abzielt, eine andere Person oder ein anderes Lebewesen zu verletzen oder zu schädigen. Auch das bewusste Zerstören von Gegenständen ist eine Form von Gewalt.

Anders die Aggression: Aggressive Handlungen, auch im Gespräch oder in einer Konfliktsituation, enthalten einen hohen Anteil an Selbstoffenbarung, d. h. jemand zeigt sehr genau und deutlich, wie es in ihm aussieht und was in ihm vorgeht. Somit macht er klare Aussagen über sein Befinden. Ein Mensch, der wütend ist, zeigt sich und seine Wut. Sie sollten immer zwischen Aggression und Gewalt unterscheiden.

Gewalt tritt in vier verschiedenen Erscheinungsformen auf: Es gibt:

1. Physische/körperliche Gewalt: Dieses Form der Gewalt ist die bewusste Schädigung anderer oder deren Eigentum. Man fügt jemanden direkten

körperlichen oder materiellen Schaden zu. Zur körperlichen Gewalt zählen Handlungen wie: Schlagen, Treten, Beißen, Misshandeln, Vergewaltigen usw. Aber auch Beschädigungen bzw. Zerstörung des Eigentums, wie z. B. Vandalismus, gehören dieser Kategorie an.

2. Psychische /seelische Gewalt: Diese Form der Gewalt ist die bewusste Schädigung bzw. Verletzung anderer durch Worte oder Gesten. Diese Gewaltform wird auch *verbale Gewalt* genannt, da die Opfer Schaden an Seele und / oder Geist nehmen. Zur verbalen Gewalt zählen Handlungen wie: Beleidigen, Demütigen, Lächerlich machen, Anbrüllen, Bedrohen, Ausschließen usw. Auch der Begriff Mobbing und die damit verbundenen Aktionen fallen in diesen Gewaltbereich.
3. Personelle Gewalt: Diese Form der Gewalt kennzeichnet die beiden eben genannten Gewaltformen. Eine oder mehrere Personen werden aktiv, um eine andere Person oder mehrere andere Personen an Körper oder Seele zu schädigen.
4. Strukturelle Gewalt: Diese Form der Gewalt wird durch die Gesellschaft oder durch gewalthafte Lebensbedingungen bestimmt, wie z. B. die systematische Benachteiligung bestimmter Bevölkerungsgruppen.

Werden Eltern, Erzieherinnen, Lehrer und andere Erwachsene nach dem Ausmaß an Gewalt in ihrem Umfeld oder der Gesellschaft befragt, berichten sie in der Regel nicht über die vier eben genannten Formen der Gewalt, sondern benennen vorrangig den Werteverlust und die Veränderungen im Sozialverhalten, die das Zusammenleben erschweren, beeinflussen oder gar unmöglich machen. Häufig genannt werden dann Gewaltformen wie:

- mangelnde Hilfsbereitschaft und fehlende Empathie (Mitgefühl),
- Raufen, Schlagen, körperliche Angriffe auf andere Kinder wie Anrempeln, Schubsen oder Treten,
- Unfähigkeit im Aushalten oder Ertragen von sachlicher Kritik und oder Konflikten (ganz gleich ob von Kind zu Kind oder Erwachsener zu Kind),
- vielfältige Formen der psychischen Gewalt wie verbale Attacken, gegenseitiges Lächerlich machen, Beleidigen und Verhöhnen,
- Abwertung, Geringschätzung und / oder Zerstören von fremdem Eigentum,
- Einsperren anderer in Toilettenräumen, Holzschuppen oder Mülltonnen,
- Filmen von gewalttätigem oder herabwertendem Verhalten mit dem Handy und veröffentlichen per Internet,
- Verhöhnen und Beleidigen von Personen im Internet,
- Brüllen, Türen schlagen, Gegenstände durch den Raum werfen,

- Unvermögen Grenzen anderer zu erkennen und zu akzeptieren oder Unkenntnis der Grenzen zwischen Spaß und Ernst sowie bei Verletzungen anderer,
- ...

Insbesondere der Verlust der Anerkennung und Akzeptanz von Grenzen wird bei Kindern (und Jugendlichen) immer häufiger. Das mag sicherlich u. a. daran liegen, dass sie heutzutage leider immer weniger Möglichkeiten und Freiräume haben, um ihre sinnvollen, positiv-aggressiven Auseinandersetzungen intensiv ausleben zu können. Ebenso ist dies ein Resultat der Erziehung, in der zunehmend Erziehungsgrenzen an Relevanz und Nachhaltigkeit verlieren. Das lustvolle Raufen und Kräftemessen, das reine Austoben wird zunehmend durch reglementierte Freizeitangebote, zu hohem Medienkonsum und extreme Passivität verdrängt. Unterschätzt wird dabei, was man den Kindern nimmt.

Neben heftigen, positiv stimulierenden sinnlichen Körpererfahrungen, dem Ausprobieren der eigenen Kräfte und des eigenen Körpers im Rahmen gesteckter Regeln und Grenzen sowie dem befriedigenden Gefühl erschöpft zu sein, bleibt auch der Gefühlsabbau von Wut, Zorn und Stress auf der Strecke.

> Welche Möglichkeiten des Stress-, Zorn- und Wutabbaus bieten Sie Ihren Kindern in der Gruppe an? Kennen Sie Programme wie *Faustlos*, *Papilio* oder *Stopp*?[1] Und wenn ja, arbeiten Sie mit solchen Programmen? Haben Sie mit den Kindern Ihrer Gruppe schon Streitregeln entwickelt, damit diese wissen, wie sich streiten und wieder vertragen funktioniert? Leiten Sie die Kinder zur konstruktiven Konfliktlösung an, damit sie Strategien erlernen, wie man zu einem Kompromiss oder einer gewaltfreien Lösung finden kann? Diskutieren Sie mit Ihren Kollegen, welche Formen und Angebote Sie den Kindern in Ihrer Einrichtung dazu bieten.

Umweltbedingungen wie Fernsehen, Video, Computerspiele, Umgangssprache, Peergroups, Schule, Nachbarschaft und Gesellschaft, die das Aggressionspotenzial von Kindern klar beeinflussen, fördern häufig aggressives oder gewalttätiges Verhalten bei Kindern oder Jugendlichen bewusst oder unbewusst. Darüber hinaus ist aber auch ganz deutlich und vorrangig das Erleben in der eigenen Familie dafür verantwortlich: Wird in der Familie gewaltfrei erzogen oder nicht?

1 Vgl. *Zum Weiterlesen* am Ende des Kapitels.

Jegliche soziale Verhaltensweisen lernen Kinder immer im Umgang mit ihren Eltern, Geschwistern und später Freunden kennen und übernehmen sie mal mehr und mal weniger. Ob Aggressivität somit negativ und gewalttätig (also destruktiv bzw. zerstörerisch) ist, wird demzufolge durch die Umwelt, aber vor allem durch die Eltern eines jeden Kindes bestimmt. Aus psychologischer Sicht ist Aggression immer dann negativ, wenn andere aktiv oder passiv in ihrem Lebensraum bewusst behindert werden. Bedenken müssen wir hierbei jedoch, dass es im sozialen Miteinander immer nur einen Kompromiss geben kann, da jedes Individuum eine andere Auffassung von *bewusster Behinderung im Umgang miteinander* zeigt. So ist es für die Kinder häufig sehr schwierig, das jeweils richtige und sozial akzeptierte Maß an aggressivem Potenzial in der entsprechenden Situation zu kennen und einzusetzen.

6.4 Der Umgang mit kindlicher Aggression

Kinder haben eine andere Sprache und nehmen Kommunikation anders wahr. Wir Erwachsene sind in der Regel in Extremsituationen beherrschter, versuchen die Fassung nicht zu verlieren und haben uns meistens unter Kontrolle. Aber warum? Weil wir im Laufe der Jahre gelernt haben, mit negativen, unguten Gefühlen umzugehen.

Der entscheidende Punkt ist der, dass wir uns viel differenzierter ausdrücken und uns so natürlich auch ganz anders verständigen können als kleine Kinder. Wir können ganz genau sagen, was uns wütend macht und was wir dabei fühlen – ob wir das dann auch tun, ist eine andere Sache. Es gibt also für Babys, Kleinkinder, Kindergarten-, und Grundschulkinder neben der intellektuellen Reife vor allem auch eine sprachliche Barriere und diese führt gerade in schwierigen Konflikten oder Extremsituationen dazu, dass sich die Kinder nicht angemessen verständigen können. Dies ist einer der Hauptgründe, warum Kinder oft negativ reagieren, etwa durch Trampeln, Schreien, Schlagen oder Toben. Wenn sie sich ständig unverstanden fühlen und nicht genau sagen können, was sie wollen, wächst in ihnen großer Unmut und extreme Wut. Säuglinge und Kleinkinder sind darüber hinaus oft geradezu darauf angewiesen, über Schreien und andere körpersprachlichen Möglichkeiten zu kommunizieren und ihr Unbehagen auszudrücken. Wir müssen lernen Ihre Signale richtig zu deuten, um dann angemessen darauf reagieren zu können.

Der Säugling (0–3 Monate) beginnt die Wirkung von Schreien und Weinen wahrzunehmen und ordnet die Reaktionen darauf ein. Babys (0–18 Monate) zeigen allerdings noch kein Fehlverhalten. Gehen Sie bitte grundsätzlich davon aus, dass Babys und Kleinstkinder durch störendes Verhalten ein grundsätzliches Bedürfnis nach Hunger, Müdigkeit, Zuwendung, Angst, Traurigkeit etc. mitteilen möchten. Werden Verhaltensweisen von Babys und Kleinstkindern (0–18 Monate) von Ihnen als störend oder anstrengend erlebt, sollten Sie zuallererst einmal Ihre eigene Befindlichkeit (Stress? Überbelastung? Ärger?) überprüfen.

Für kleine Kinder (18 Monate bis drei Jahre) ist der Einsatz des Körpers eine selbstverständliche Form der Kommunikation. Das Raufen und Knuffen mit dem Geschwisterkind, das wilde Spaßkämpfchen mit dem Vater, einem anderen Kind oder gar dem Praktikanten, das Umherschieben eines Stuhles und Werfen eines Gegenstands wird als lustvoll empfunden und zeigt die eigene Macht, Einfluss auf Dinge und Menschen zu haben, aktiv auf. Alles ist Spiel und zunächst weder Berechnung noch Provokation oder gar böse Absicht. Die Wirkung ihres eigenen Handelns müssen die Kinder erst noch kennen- und einordnen lernen. Sie nehmen die Konsequenzen ihres Verhaltens zunehmend wahr. Daher sind sie auf eine klare Rückmeldung aus ihrer Umgebung angewiesen. Aber genau das ist meist das Problem: Eltern wie auch Erzieherinnen geben oftmals ungenaue oder unüberlegte Rückmeldungen. Sie schimpfen, labern oder versuchen es mit guten Worten. Die Kinder sollen daraufhin Verständnis zeigen und dem Erwachsenen für seine Belehrung danken. Aber das tun Kinder nicht. Weder zeigen sie Einsicht oder Verständnis, noch bedanken sie sich. Sie reagieren und zwar prompt, sodass ihr Verhalten noch mehr an Auftrieb gewinnt oder gar eskaliert. Die Kommunikation zwischen uns Erwachsenen und Kindern führt häufig zu Fehlinterpretationen. Es ist wichtig für Sie als Neuling, dass Sie das Verhalten der Kinder richtig einschätzen lernen und zwischen normalem und Fehlverhalten unterscheiden lernen.

Fehlverhalten von Kleinkindern (18 Monate bis drei Jahre) ist z. B. ständiges Quengeln oder permanentes Neinsagen bei Aufforderungen sowie Treten und Schlagen der Erzieherin, wenn das Kind nicht bekommt, was es will. Häufig fühlen sich unerfahrene Erzieherinnen dann verletzt (»Ich werde nicht akzeptiert.«) oder überfordert (»Ich weiß nicht, was ich noch machen soll.«) und werden dadurch zornig. Sie deuten die Reaktionen und das Handeln der Kinder als negative Absicht: »Du (Erzieherin) kannst mich nicht zwingen«, »Ich (Kind), sage dir (Erzieherin), was gemacht wird«, interpretieren. In solchen Situationen sollten Sie sich bitte immer vor

Augen führen, dass das Kind nicht Sie persönlich angreifen will, sondern Ihre Macht, seine Pläne zu durchkreuzen.

Hinter jedem Fehlverhalten steht immer ein Bedürfnis, wie z. B.:

- quengeln = Aufmerksamkeit bekommen,
- sich verweigern / Nein sagen = Macht ausüben,
- beschimpfen = Rache nehmen.

Hinter allem steckt immer das grundsätzliche Ziel dazuzugehören und Einfluss zu nehmen. Wenn einem Kind das Dazugehören auf positive Weise nicht gelingt, ist es entmutigt und zeigt Fehlverhalten.

Je älter die Kinder werden und je mehr sie an Körperkraft und Größe zunehmen, desto schneller kann ihr Verhalten als Provokation oder Bedrohung erlebt und als böse fehlinterpretiert werden. Und das, obwohl auch hinter diesem Fehlverhalten der Wunsch nach Aufmerksamkeit und Dazugehören steckt.

Stellen Sie sich bitte einen Fünfjährigen vor, der schreit, trampelt, um sich schlägt und sich Ihren Anweisungen widersetzt, also einen Wutanfall auslebt.

Überlegen Sie anhand dieser Situation, was Sie in solch einem Moment denken und fühlen würden? Wie würden Sie reagieren? Stellen Sie sich diese von mir beschriebene Situation bitte wirklich sehr ausschmückend vor. Horchen Sie in sich hinein. Schreiben Sie einmal auf, welche Gedanken Ihnen gerade durch den Kopf gehen (z. B. „Oh Gott, hoffentlich passiert mir das nicht gleich am Anfang?“ »Hoffentlich sieht das keiner?« »Was mach ich bloß, wenn ich die Situation nicht in den Griff bekomme?« …) Und schreiben Sie auf, welche Gefühle sie wahrnehmen? (Ohnmacht, Wut, Angst, Zorn …)

Stellen Sie Überlegungen dazu an, was hinter dem Fehlverhalten stecken könnte? Welches Ziel verfolgt das Kind? (Macht, Rache, Angst, Wut, Beweis der eigenen Unfähigkeit …) Wie könnten Sie reagieren? Was wäre für solche Situationen hilfreich?

Machen Sie sich einen Notfallplan. Schreiben Sie sich hilfreiche Gedanken und Handlungen auf, die Sie in solch einer Situation wieder zurück auf den Boden holen. Man muss nicht von Anfang an alles können und beherrschen, aber man muss wissen, wie man sich helfen kann, welche Strategien sinnvoll sind und wie man aus solch einer Situation wieder herauskommt.

Es ist unrealistisch zu erwarten und zu glauben, dass Kinder nie aggressiv sein werden. Es ist jedoch sehr hilfreich zu wissen, dass diesem Fehlverhalten immer ein Ziel zugrunde liegt. Daher lässt sich aggressives Verhalten durch den Einsatz unterschiedlicher Strategien in der Regel verringern. Prüfen und probieren Sie aus, welche der folgenden Strategien wann sinnvoll sind und welche zu Ihnen passen. So können Sie sich ein gutes Repertoire an Handlungsmustern aneignen, um in verschiedenen Situationen angemessen reagieren zu können.

Bewährt haben sich beispielsweise folgende Strategien:

- Ignorieren (Muss man aushalten können, passt nicht immer.)
- Ignorieren am positiven Modell (Das gewünschte Verhalten wird über andere benannt und aufgezeigt, z. B. »Tom, schau einmal, alle Kinder sitzen schon im Stuhlkreis. Ich bin sicher, dir wird es jetzt auch gelingen, dich hinzusetzen, damit wir anfangen können. Setz dich jetzt hin.«)
- Ablenken (Die Aufmerksamkeit auf eine andere interessante Sache lenken.)
- Aktives Zuhören und Wahlmöglichkeiten anbieten (Das Kind wird beteiligt, bekommt seinen Anteil Macht, fühlt sich ernst genommen, z. B. ein Kind will den Helm beim Fahrradfahren nicht aufsetzen: »Du willst mit dem Fahrrad fahren? Okay, dann musst du den Helm tragen. Wenn du das nicht willst, musst du zu Fuß gehen. Du hast die Wahl. Du kannst es dir aussuchen.«)
- Eine zuvor festgelegte Regel oder Absprache anwenden und die Konsequenz daraus folgen lassen.
- Verhalten unterbinden und eine Auszeit nehmen, sich selbst oder das Kind aus der Situation nehmen, um *runterzukommen*. Beispiel: Ein Kind trampelt und schreit, weil es seinen Willen nicht bekommt. Reaktion 1: Sie benennen die Situation und gehen danach sofort hinaus: »Also, ich geh jetzt kurz raus, dann kannst du dich beruhigen. Danach können wir gemeinsam überlegen, wie wir das machen.« (Raum verlassen. Regel: Pro Jahr, das das Kind alt ist, eine Minute, dann wieder reinkommen). Reaktion 2: »Also, wenn du so schreist und trampelst, kann ich nicht mit dir sprechen. Entweder hörst du jetzt auf oder du musst den Raum verlassen.« (Auch hier wieder pro Lebensjahr des Kindes eine Minute.) Bedenken Sie aber bitte, dass Sie dann im Extremfall das Kind auch aus dem Raum bringen (tragen) müssen, wenn es nicht von allein geht. Sie müssen immer das, was Sie aussprechen, auch anschließend tun.

Es nützt nur wenig, wenn man das Verhalten der Kinder lediglich als unangemessen ansehen und bestrafen würde, anstatt es zu korrigieren. Sie sollten immer darum bemüht sein, das Kind aktiv zu unterstützen, sich in sozial angemessener Weise weiterzuentwickeln. Jedes Kind hat sein eigenes individuelles Temperament, darf erst einmal so sein, wie es ist. Um aber in einer Gemeinschaft zu leben, müssen wir alle – und Kinder im Besonderen – lernen, wie das möglich ist.

6.5 Fallbeispiel: Beißen

Jedes Kind durchläuft Entwicklungsstufen in seinem Tempo und eigenen Stil. In Übergangszeiten, z. B. Eingewöhnung in eine Krippe, Neustart im Kindergarten oder Umzug in eine neue Wohngegend, Trennung der Eltern usw., kommt es häufig zu unangemessenen Verhaltensäußerungen. Gerade kleine Kinder reagieren aufgrund ihrer noch mangelhaften sprachlichen Kompetenzen mit aggressiven Verhaltensäußerungen, wie z. B. dem Beißen. Das kommt häufig vor, weil die Zeit der Übergänge für viele Kinder am schwierigsten ist. Beißen kann aber besonderes bei kleineren Kindern zu einem großen Problem werden, denn zum einen ist es für andere Kinder beängstigend und zum anderen entrüstet es nicht nur die Eltern, sondern auch alle anderen Erwachsenen.

Beißen ist eine Herausforderung, die von jeder Erzieherin die Fähigkeit verlangt, die Situation gut zu strukturieren. Zuerst müssen Sie beobachten, in welcher Situation das Kind beißt. Dann müssen Sie herausarbeiten, was für diese Situation typisch ist, z. B. Stress oder Wut, Zorn oder Angst. Und dann heißt es handeln. Sie sollten das Kind zukünftig konkret von solchen Situationen fernhalten oder die Situation so strukturieren, dass das Kind dabei unterstützt wird, sein Verhalten zu modifizieren. Wichtig ist: In der Begleitung des einzelnen Kindes liegt der Schlüssel. Das braucht Zeit und Aufmerksamkeit. Dem Zweieinhalbjährigen beispielsweise in solch einer Situation quer durch den Raum zuzurufen: »Nein Leon, nicht beißen«, macht da wenig Sinn. Eine lange Erklärung oder gar eine Warum-Frage sind sinnlos. Vielmehr ist die liebevolle Zuwendung und das konkrete Begleiten in der Situation wichtig. Die ungeteilte Aufmerksamkeit der Erzieherin, die ermutigend unterstützt, damit das Kind anders als bislang (also mit Beißen) reagieren kann, ist sehr entscheidend. Wenn das kleine Kind sich sicher fühlt, kann es künftig anders reagieren.

Ältere Kinder (ab vier Jahre) müssen lernen, ihre Gefühle in Stresssituationen in andere Bahnen zu lenken, indem sie diese in Worte fassen. Sie sollten hier das Kind in einem ruhigen Ton direkt auf das Problem ansprechen und sagen, was Sie beobachtet haben. z. B. »Tim, ich habe gesehen, wenn du wütend wirst, beißt du.« Daraufhin sollten Sie mit dem Kind gemeinsam überlegen, wie es anders und besser reagieren kann. Dafür muss dem Kind erst bewusst gemacht werden, was es in der Situation gefühlt hat. Erfragen Sie dies. Bitten Sie das Kind, sich zu erinnern, was es gefühlt hat (Wut, Zorn etc.). Zeigen Sie Verständnis für diese Gefühle, nach dem Motto: Jedes Gefühl ist in Ordnung, aber nicht jedes Verhalten. Suchen Sie mit dem Kind gemeinsam nach Handlungsalternativen die Wut rauszulassen, z. B. in die Wutbox[2] brüllen, einen Zettel in kleine Stücke zerreißen oder auf den Wutboxsack schlagen. Sie können das Kind auch dazu anregen, seine Wut sprachlich zu äußern, wie z. B. »Ich bin jetzt stinksauer, weil ich verloren hab.« Wichtig dabei, achten Sie auf eine Ich-Aussage. Und zu guter Letzt sprechen Sie mit dem Kind ab, dass es eine Konsequenz geben wird, wenn es wieder in sein altes Verhaltensmuster verfällt, also trotzdem wieder beißt.

Diskutieren Sie dieses Beispiel mit erfahrenen Kolleginnen. Sprechen Sie auch andere Beispiele an, die Ihnen einfallen. Je mehr Erfahrungswissen Sie sammeln und für sich einholen, umso besser sind Sie auf spätere Situationen vorbereitet. Wichtig: Niemand erwartet von Ihnen, dass Sie von Anfang an immer richtig reagieren und alles perfekt hinbekommen. Auch Sie haben das Recht auf Fehler und Erfahrungen aus erster Hand. Und manchmal hilft da einfach nur: Augen zu und durch!

Wenn positiv korrigierende Hilfen fehlen, kann sich ein Kind nicht positiv weiterentwickeln und es besteht die Gefahr, dass es körperliche Auseinandersetzungsformen als das geeignete Mittel zum Durchsetzen von Bedürfnissen abspeichert. Oft sind es aber auch undeutliche Anweisungen, die den Grund für Missverständnisse liefern. Die Anweisungen der Erwachsenen sind für Kinder meist nicht zu verstehen, da sie zu lang, zu pauschal oder zu unklar formuliert wurden.

Ein Beispiel aus dem familiären Bereich: Die Mutter sitzt in der Küche mit einer Freundin und unterhält sich. Die Kinder kommen von draußen lautstark herein und spielen lärmend in der Küche weiter. Die Mutter fühlt sich gestört, sagt dieses aber nicht, sondern stattdessen: »Hört auf zu lärmen. Seht ihr denn nicht, dass ich mich unterhalte?« Vielleicht haben die Kinder in dieser Situation wirklich nicht bemerkt, dass sie stören und reagieren entsprechend lautstark zurück. Wut kommt auf. Besser wäre es

2 Kann schnell und einfach aus einem alten Schuhkarton mit den Kindern gemeinsam gebastelt und bemalt werden.

gewesen, wenn die Mutter klar und deutlich benannt hätte, was in ihr vorgeht und was sie von den Kindern erwartet. z. B. so: »Ich sehe, ihr habt Spaß und seit richtig toll am Spielen. Ich kann mich aber bei eurer Lautstärke nicht mit Tina unterhalten. Das stört mich. Wenn ihr weiterhin laut spielen wollt, geht bitte wieder raus. Wenn ihr leise spielt, könnt ihr hier bleiben.« – Das ist klar, präzise und freundlich formuliert. Keiner braucht wütend werden oder muss aggressiv sein.

6.6 Kindlicher Stress: Genug gereizt!?

Neben dem Kommunikationsproblem ist Stress ein weiterer wichtiger Faktor für eine erhöhte Aggressivität bei Kindern. Stress durch zu viele Reize oder durch Über- bzw. Unterforderung.

Beginnen wir zunächst mit dem Stress durch zu viele Reize. Stellen Sie sich folgende Szene vor: Ein fünfjähriges Kind ist in einem Spielzeuggeschäft. Es darf sich für einen bestimmten Geldbetrag eine Kleinigkeit aussuchen. Das Kind ist hin- und hergerissen, rennt von Gang zu Gang, schaut sich alle Dinge an, die ihm zur Verfügung stehen und kann sich nicht entscheiden. Je mehr der Erwachsene von diesem Kind einfordert, eine Entscheidung zu treffen, desto aggressiver wird das Kind. Und warum ist das so? Sie wissen es! Weil wir als Erwachsene gelernt haben, unwichtige Reize von wichtigen Reizen zu unterscheiden und uns entsprechend zu schützen. Wir können selektieren, abschalten und ausblenden. Wir Erwachsene können uns auf einen bestimmten Bereich konzentrieren, blenden die Musik, die fremden Leute, das schreiende Baby an der Kasse, die hektische Verkäuferin, die Lichter und Leuchtreklame usw. aus und selektieren alle Dinge, die für den zur Verfügung stehenden Geldbetrag nicht oder aber infrage kommen. Und das Kind? Es nimmt alles auf einmal auf und hat zunehmend Schwierigkeiten, sich auf eine bestimmte Sache zu konzentrieren, da es von all jenen eben genannten Faktoren abgelenkt wird. Außerdem muss es parallel dazu noch eine Entscheidung treffen, für welches Spielzeug es sich entscheiden möchte, und ist somit in diesem Moment schlichtweg überfordert. Woran liegt das? Kleine Kinder nehmen alle Eindrücke und Reize ungefiltert auf. Dies führt schnell zur absoluten Überbelastung und erzeugt bei Kindern Stress, da sie die große Menge der Eindrücke, die Geräuschkulisse, das viele Spielzeug verarbeiten müssen. Doch dazu ist ihr Gehirn in der geforderten Komplexität einfach noch nicht in der Lage. Außerdem steht die Verarbeitung der Eindrücke im Widerspruch zur

Erfüllung der eigenen Bedürfnisse und Wünsche. So erzeugt diese Situation im Kind Stress und führt zu Wut und letztendlich zu aggressivem Verhalten: Nörgeln, quengeln oder gar wütende oder trotzige Reaktionen, wie das Schlagen der Mutter, sich verstecken und weglaufen, etwas aus dem Regal reißen und wegwerfen können die Folge sein.

Dieses Beispiel lässt sich ansatzweise auch auf den Kindergarten übertragen. Prüfen Sie in diesem Zusammenhang einmal die Ausstattung, Fülle, Ordnung und Wirkung Ihrer Gruppe sowie die Struktur und Angebote der Tagesplanung.

Ebenso wie zu viele Reize führen aber auch zu wenige oder gar keine Reize bei unseren Kindern zu aggressivem Verhalten. Kinder, die in einem sehr reizarmen Umfeld leben, keine Anregungen erhalten und nicht beachtet werden, zeigen oft wenig Fantasie und Kreativität, langweilen sich und fühlen sich unterversorgt. Sie werden vielleicht auch auf Dauer wütend und aggressiv, weil ihnen und ihren Interessen keine Aufmerksamkeit geschenkt werden. Daher sollte in jedem Haushalt ein gewisses Angebot an Spielmaterial, Büchern, Malutensilien und dergleichen zur Befriedigung der kindlichen Bedürfnisse vorhanden sein. – Wobei es in der Regel eher ein Zuviel ist und die Kinderzimmer überquellen. – Eine gesunde Balance zwischen zu viel und zu wenig orientiert sich an den Bedürfnissen und dem Entwicklungsstand der Kinder und trägt zu einer gesunden Entwicklung bei. Bedenken Sie generell folgenden Grundsatz: »Weniger ist oft mehr!«

Anstatt die Kinder ständig mit zu vielen Angeboten zu berieseln, hilft es, Phasen der Stille und des bewussten Zur-Ruhe-Kommens in den Kita-Alltag einzubinden. Sie brauchen nicht drei oder vier Vorschulprogramme anzubieten. Wählen Sie lieber ein gutes aus, welches zum Profil der Kita passt oder die pädagogische Arbeit mit einem besonderen Schwerpunkt bereichert. Gleiches gilt für die Spielmaterialien: Statt unzähligen verschiedenen Spielen, Puzzles und Materialien besser einige wenige gut sortierte aufgeräumt und ordentlich präsentiert zur Verfügung stellen.

Tipp: Anstatt immer alles im Gruppenraum bereitzuhalten, sollten Sie lieber zwischendurch einmal das Spielmaterial wechseln. So bleibt es spannend und sogar ältere Spiele werden nach einiger Zeit wieder attraktiv. Außerdem können sich die Kinder leichter entscheiden und besser Ordnung halten. Zu viele wie auch zu wenige Reize sind für die Entwicklung der Kinder schädlich. Das macht sie auf Dauer wütend und aggressiv.

6.7 Über- und Unterforderung von Kindern

Kinder, die ständig Aufgaben erledigen müssen, die für ihren Entwicklungsstand nicht geeignet sind, die Verantwortung übernehmen müssen, obwohl sie es noch nicht können (z. B. »Pass mal eben auf den Kleinen da auf.«), fühlen sich mit diesen übertragenen Aufgaben oft überfordert und erleben diese Aufgabe als Belastung. Die eigene Ohnmacht mit der Aufgabe nicht fertig zu werden und die permanente Konfrontation mit den eigenen Grenzen bzw. Schwächen kann Kinder auf Dauer ebenfalls wütend und aggressiv machen.

Genauso verhält es sich bei Spielmaterialien, die eigentlich für ältere Kinder konstruiert und erdacht wurden, aber jüngeren Kindern zugemutet werden. Dies ist häufig bei Eltern ein Problem, da sie es entweder (zu) gut meinen oder ihr Kind schlichtweg falsch einschätzen, nach dem Motto: »Der Kleine ist schon so weit.«

Seien Sie wachsam und aufmerksam für die Signale der Kinder. Falls Sie Auffälligkeiten beobachten, besprechen Sie das am besten mit Ihren Kolleginnen, um sich beispielsweise später in einem Elterngespräch gut positionieren zu können.

Was passiert bei Unterforderung? Kindern, denen man ständig nichts zutraut, die man klein hält und deren Fähigkeiten man unterschätzt, fühlen sich durch die permanente Unterforderung nicht ernst genommen. Auch sie werden häufig auf Dauer wütend und aggressiv. Weil Kinder aber, wie vorhin erwähnt, nun einmal nicht differenziert und genau beschreiben, warum sie wütend, ärgerlich oder aggressiv werden können, zeigen sie ihren Unmut durch ihr Verhalten. Jedes (Fehl-)Verhalten ist eine kindliche Aussage. Wir müssen uns immer wieder bemühen, das Ziel des Fehlverhaltens oder der Aussage, die dahinter steht, zu identifizieren, um angemessen und richtig darauf zu reagieren.

> Prüfen Sie inwiefern die Umgebung in Ihrer Einrichtung – Angebote und Aktivitäten, Ausstattung und Einrichtung, Material und Tagesablauf – zu störendem Verhalten der Kinder beitragen können. Überlegen Sie aber auch, welche Ihrer persönlichen Ressourcen (Ihr Sinn für Humor, Ihre Geduld, Ihre Fähigkeit Abstand zu nehmen, Ihr Geschick in der Lösung von Problemen, Ihr analytischer Verstand, Ihre gute Beobachtungsfähigkeit oder Aufmerksamkeit, Ihr Sinn für Gerechtigkeit etc.) zur Lösung von Problemen und im Umgang mit störendem Verhalten oder zum Abbau von kindlichem aggressiven Verhalten beitragen kann? Welche Kompetenzen besitzen Sie?

6.8 Trotz – ein Entwicklungsfortschritt!

Trotz beginnt mit der Entdeckung des eigenen Ichs. Sobald das Kind sein *Ich* entdeckt hat, will es diesen Status auch ausprobieren und erkunden. So ist der Trotz eigentlich ein positives Signal für einen Entwicklungsfortschritt und auch gleichsam ein Auskunftsverhalten: Das Kind hat sich auch kognitiv weiterentwickelt. Es hat sich als Individuum entdeckt. Diesen Zeitpunkt können wir festmachen, wenn das Kind von der dritten in die erste Person wechselt, wenn es also selbst von sich als *Ich* spricht.

Dieses erstaunliche Ereignis der Selbstentdeckung ist für uns Erwachsene das erkennbare Zeichen, dass das Kind von jetzt an Einfluss nehmen wird, um seinen Statuts zu erproben.

Die Kinder beginnen ca. mit ihrem zweiten Lebensjahr, sich als eigenständige Person zu entdecken. Zu diesem Streben nach Selbstständigkeit gehört trotziges Verhalten dazu und ist positiv für die Entwicklung. Aus entwicklungspsychologischer Sicht ist das spontane Handeln der Kinder, das sofortige *Habenwollen* ein Streben nach unmittelbarer Bedürfnisbefriedigung und das trotzige Auflehnen eine Form von *Selbstjustiz*. Jeder Mensch sehnt sich danach, in seiner Familie geborgen und angenommen zu sein, möchte wertgeschätzt, respektiert und in seiner Person akzeptiert werden und somit auch Einfluss (Macht) ausüben. Dieses Grundbedürfnis nach Geltung und Einflussnahme spiegelt sich leider oft in den sogenannten Machtkämpfen in der Familie oder auch im Kindergarten wider, wenn Eltern oder Erzieherinnen das herausfordernde Verhalten der Kinder als Provokation (und nicht als Frage) verstehen.

Einige erleben diese Phase auf dem Weg in die Selbstständigkeit als sehr belastend und anstrengend. Umso wichtiger ist es, dass wir als Erzieherinnen versuchen sollten, den Kindern mit Geduld, Wohlwollen sowie Verständnis zu begegnen, ihnen aber auch klar und verbindlich entgegenzutreten, da zeitgleich die Entwicklung des Gewissens beginnt. So erlebt und begreift das Kind konkret, was gut und böse ist und welche Reaktionen sein Verhalten bzw. sein Tun beim Erwachsenen auslöst: entweder Anerkennung und Lob oder Ablehnung und Schimpfen / Strafe.

In dieser anstrengenden Phase erkundet zu allem Überfluss das Kind auch noch gleichzeitig die Ernsthaftigkeit und Glaubhaftigkeit der ihm gesetzten Grenzen und hinterfragt durch sein Verhalten: »Was darf ich – und was darf ich nicht?«, »Was ist ernsthaft verboten und was wirklich erlaubt?« Und auf all diese Fragen braucht das Kind eine klärende Antwort.

6.9 Gewaltfreie Erziehung

Alle wissen das und dennoch rutscht einigen Eltern selbst heute noch hier und da die Hand aus oder ein Kind wird gerüttelt und geschüttelt. Dass man Kinder oft noch viel wirkungsvoller mit Worten treffen kann als mit Taten, wissen Sie vielleicht auch aus ureigener Erfahrung. Umso mehr verwundert es mich, dass ich in einigen Kitas immer noch vielfältige, negative verbale Reaktionen auf Verhaltensweisen von Kindern erlebe. Dabei führen lautes Schreien, Schimpfen oder gar Aussperren nur zu einer kurzfristigen Verhaltensänderung, da sie die Bedürfnisse der Kinder lediglich unterdrücken. Wenn dann nur kaum oder gar keine Erläuterungen erfolgen, entsteht in dem Kind auch keine Einsicht und Motivation, sein Verhalten wirklich zu ändern. Dies führt dazu, dass sich das Kind in späteren Situationen, in denen das Gewaltverhältnis bei ihm keine Angst mehr auslöst, sich weiterhin wie früher unangemessen verhalten wird. Es droht die Gefahr einer Gewaltspirale mit immer härteren Strafen. Außerdem hat das Kind eine Art von negativer Aggression bei Erwachsenen kennengelernt, abgespeichert und somit auch erlernt.

Um dem zu entgehen, gibt es eine Faustregel: Das Verhalten von Kindern, dem starke Beachtung geschenkt wird, verstärkt sich (auch negatives Verhalten), d. h., es tritt in Zukunft häufiger oder ausgeprägter auf. Demgegenüber wird ein Verhalten weniger häufig und schwächer ausgeprägt auftreten, wenn wir es ignorieren oder ihm so wenig Beachtung wie möglich schenken.

Durch lautes Brüllen oder Meckern können wir unerwünschte Verhaltensweisen zwar vorübergehend unterdrücken und unterbinden, aber diesem schlechten Verhalten wird in dem Moment auch sehr, sehr viel (zu viel) Aufmerksamkeit geschenkt und weckt im Kind zahlreiche Gefühle, wie Angst, Wut, Enttäuschung und Ohnmacht.

Wenn Sie sich an dieser Stelle noch einmal vor Augen führen, dass Aggressionen erlernbar sind, dann ist logischerweise auch der Abbau von Aggressionen erlernbar. Dazu müssen Sie auf der einen Seite immer auch Ihren eigenen Erziehungsstil, also das Vorbildverhalten, genau betrachten und auf der anderen Seite Kindern die Möglichkeit geben, aktiv Aggressionen abbauen zu können, z. B. durch viele Bewegungs- und Spielmöglichkeiten zum Raufen und Kräftemessen, durch Wutboxsäcke, Wutschachteln, Wettspiele etc.

Wenn Kinder älter werden, beispielsweise ab viereinhalb Jahre, sollten Sie verstärkt versuchen, Konfliktlösungsstrategien mit ihnen zu erarbeiten. D. h., Sie entwickeln mit den Kindern in Ihrer Gruppe Streitregeln und erklären bzw. besprechen, wie Streiten funktioniert, wie man also einen Konflikt positiv angeht und aushält. Kinder lernen ganz natürlich über das Streiten, wie streiten geht. Damit sie aber positive Erfahrungen in Konfliktsituationen sammeln können, müssen wir als Erzieherinnen ihnen anfänglich als Schlichterin und Moderatorin zur Seite stehen und Möglichkeiten zum Ausprobieren bieten. Je mehr wir als Erwachsene Kinder anregen, über die eigenen Gefühle zu sprechen, sie sozusagen über Spiele und Erfahrungsmöglichkeiten zum Thema machen, umso mehr und besser werden Kinder auch mit der Zeit in der Lage sein, eigenständig über ihre Gefühle zu sprechen. Wenn wir erreichen wollen, dass Kinder positiv streiten, also friedvoll einen Konflikt lösen lernen, dann müssen wir ihnen nicht nur ein gutes Vorbild sein, sondern ihnen auch dabei helfen.

6.10 So wenig Konflikte wie möglich und so viele wie nötig

Streit und Konflikte gehören nun einmal zum Leben dazu. Konflikte sind sozusagen vorprogrammiert – menschliches Miteinander verläuft nicht nur im harmonischen Einklang. Gegensätzliche Interessen und unterschiedliche Haltungen führen automatisch zu Konflikten. Kinder fordern uns in diesem Zusammenhang besonders heraus. So brauchen Kinder realistische Vorbilder, an denen sie sich orientieren und reiben können. Denn Reibung erzeugt Wärme und Wärme lässt Bindungen spürbar werden. Kinder müssen auch einmal mitbekommen und erleben, wie Erwachsene *sich reiben* (d.h., mit Streit und Auseinandersetzungen umgehen). Hier können sie sich etwas abschauen, um das Verhalten nachzuahmen.

Wenn Kinder erleben, wie sich auch einmal Erzieherinnen (z.B. Jutta und Melanie) streiten, dass Jutta lauter wird als sonst und auch Melanie anders reagiert, dass beide »böse« werden und die Wörter nur so aus ihren Mündern prasseln, dann erfahren Kinder *ein Gewitter der Gefühle*. Wenn sie dann aber erleben, wie sich Jutta und Melanie wieder annähern und Jutta zu Melanie (oder umgekehrt) sagt, »Ach du hattest Recht, wir machen es doch so«, erleben die Kinder, dass nicht die Lautstärke entscheidend ist, sondern die Argumente. Ebenso erleben sie die wohltuende Erfahrung, dass nach einem Wortgewitter die Luft wieder rein und klar wird und Stille einkehrt. Kinder müssen erleben, was Streiten heißt und wie Streiten geht. Damit ist nicht gemeint, dass Sie sich lauthals mit Ihrer Kollegin in der Gruppe vor den Kindern fetzen sollen. Aber beachten Sie bitte, dass Kinder sehr feine Antennen haben und ohnehin mitbekommen, wenn etwas sozusagen unausgesprochen in der Luft hängt. Seien Sie lieber ehrlich und riskieren ein kurzes Wortduell (aber bitte keine Theatralik, langatmigen Streitszenen oder unnötigen Kraftausdrücke). Danach kann man zur Tagesordnung zurückkehren.

Um Kinder anzuleiten, wie ein Streit sinnvoll angegangen werden kann, könnte man beispielsweise mit ihnen gemeinsam Streitregeln überlegen und aushandeln oder auch im Rollenspiel mit ihnen gemeinsam dieses erarbeiten. Einige Streitregeln könnten z. B. wie folgt aussehen:

- Niemand darf einen anderen schlagen oder verletzen.
- Es werden keine Schimpfwörter benutzt. (Alternativen aufschreiben, wie Wut sich entladen kann.)
- Wir lassen einander aussprechen. (Es wird sich aber kurzgefasst.)
- Es redet immer nur einer, die anderen hören zu.
- Jeder sagt, was sein persönliches Interesse, sein Wunsch, Bedürfnis oder Anliegen ist.
- Wenn wir jemanden verletzt haben, weil wir sehr wütend waren, entschuldigen wir uns und machen es wieder gut.
- Jeder sollte einen Vorschlag zur Problemlösung machen dürfen und alle Ideen zur Konfliktlösung werden aufgeschrieben.
- Wir suchen gemeinsam einen Kompromiss.
- Wir treffen eine gemeinsame Entscheidung. Alle müssen sich an die Lösung halten, verbindlich!
- Gemeinsam überlegen wir, was passiert, wenn sich jemand nicht an die Absprachen hält (Konsequenz).

Wichtig: Die Kontrolle nicht vergessen! Von Zeit zu Zeit sollte überprüft werden, ob die Absprachen / Regeln noch brauchbar sind.

Wenn Kinder richtig Streiten lernen und gleichsam Zeit zum intensiven, körperbetonten Spiel erhalten, können sich Aggressionen reduzieren. Voraussetzung ist natürlich, dass Kinder generell gewaltfrei erzogen werden, d. h., dass Eltern keine Gewalt (Schläge, Klapse, Ohrfeigen usw.) anwenden und Kinder keinen gewalttätigen Filmen und Sendungen sowie Computerspielen ausgesetzt werden.

Medien, insbesondere das Fernsehen und die damit oft verbundenen Spielkonsolen, fördern leider nicht unerheblich die Gewaltbereitschaft von Kindern, vor allem bei Jungen. Natürlich gibt es im Umgang mit kindlichen Aggressionen keine Patentlösung. Aber es gibt Wege, die Sie den Kindern anbieten können, damit sie mit den eigenen Gefühlen (ihrem aggressiven

Verhalten) besser umzugehen lernen. Der Grundsatz lautet: »Jedes Gefühl ist okay, aber nicht jedes Verhalten!«

Das folgende Modell bietet Hilfe bei der Reaktion auf handgreifliche Konflikte.

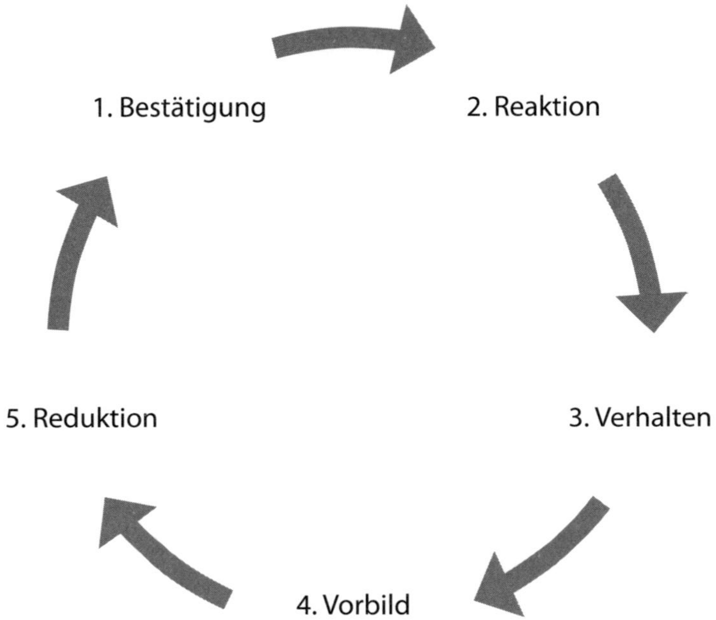

Abb. 1: Reaktionsmodell bei handgreiflichen Konflikten zwischen Kindern

1. Schritt Bestätigung: »Ja, ich kann verstehen, dass du sauer und wütend bist – aber ...«
2. Schritt Reaktion: »Es ist besser du sagst, was du fühlst, als dass du schlägst. Sonst weiß nämlich keiner, warum du das machst!«
3. Schritt Verhalten: Das Kind/die Kinder aus der Situation herausnehmen. Danach schlichten, fair sein und gemeinsam Lösungen finden.
4. Schritt Vorbild: Persönliches Verhalten unter dem Aspekt »Wie soll das Kind Streitkultur erleben?«, »Was soll das Kind lernen, damit es in Zukunft in einem Konflikt positiv vom Streitverhalten profitieren kann?« berücksichtigen.
5. Schritt Aggressionsabbau und Reduktion: Zu guter Letzt müssen Kinder die Möglichkeit zum Abbau ihrer Aggressionen und Wut erhalten. Denn Wut tut gut und Aggressionen dürfen sein. Allerdings müssen Kinder lernen, gekonnt und kontrolliert damit umzugehen. Dies können wir als Erzieherinnen ein Stück weit erreichen durch: ausreichend Platz und Zeit zum Toben

(Außengelände, Turnhalle), ausreichend sportliche Betätigung ermöglichen, Langeweile reduzieren, Struktur des Gruppenraumes und Materialauswahl überprüfen, Kooperation einüben, z.B. Wahlmöglichkeit bei Konsequenzen / Mitteilen von Gefühlen / gemeinsame Problemlösungen finden / Situationen reduzieren, die immer wieder zum gleichen Konflikt führen und letztendlich die Kinder loben, wenn es ihnen gelungen ist, einen Konflikt friedlich zu lösen. Finden Sie viele Wege, um häufiger Ja als Nein zu sagen und somit häufiger positiv zu verstärken als negativ.

Zum Weiterlesen

Hurrelmann, K. / Unverzagt, G. (1999): Kinder stark machen für das Leben. Freiburg

Krowatschek, D. (2004): Wut im Bauch. Aggressionen bei Kindern. Düsseldorf

Portmann, R. (2004): Gewalt unter Kindern. München

Preuschoff, G. (1999): Wenn Kinder die Wut packt. Freiburg

Rogge, J-U. / Mähler, B. (2002): Lauter starke Jungen. Hamburg

Rumpf, J. (2002): Schreien, schlagen, zerstören. Mit aggressiven Kindern umgehen. München

Schirmer, B. (2011): Herausforderndes Verhalten in der KiTa. Zappelphilipp, Trotzkopf & Co. Göttingen

Bilderbücher

Abedi, I. / Neudendorf, S. (2009): Blöde Ziege – Dumme Gans. München

Jüngling, Ch. / Spathelf, B. / Volmert, J. / Szesny, S. (2010): Vom Streiten, Quengeln und Vertragen – ein Bilderbuch Sammelband. Haan

Mckee, D. (2011): Du hast angefangen! Nein, du! Mannheim

Merz, Ch. / Götzen-Beek, B. (2003): Lea Wirbelwind und der Streit im Kindergarten. Freiburg

Moost, N. (2003): Alles verzankt. Esslingen

Staring, J. / Frins, I. (2004): Warum gibt es immer Streit? Gießen

Spielebücher

Geißler, U. (2001): Wilde Spiele für tobelustige Kinder. Münster

Sommerfeld, V. / Huber, B. / Nicolai, H. (2010): Toben, raufen, Kräfte messen. Münster

ANGST, DER SCHLÜSSEL ZU MUT

7. Angst, der Schlüssel zu Mut

Nichts kann den Menschen mehr stärken, als das Vertrauen,
das man ihm entgegenbringt.
Paul Claudel

Alle Menschen haben Ängste. Sie gehören zum Leben dazu und haben eine wichtige Orientierungsfunktion. In erster Linie dienen sie dem Selbstschutz und helfen Gefahren aus dem Weg zu gehen. Dieser Schutzmechanismus ist Jahrtausende alt, denn nur diejenigen von unseren Vorfahren, die Angst vor lauten Geräuschen, großen Höhen oder vor Raubtieren zum richtigen Zeitpunkt hatten, überlebten. Dieses Erbe, also die Neigung Angst vor etwas Unbekanntem oder Gefährlichem zu haben, tragen wir alle in uns. Beispiele dafür in unserer heutigen Zeit sind: Angst vor Schlangen, Höhenangst, Angst vor der Dunkelheit und lauten Geräuschen und natürlich die Angst vor Tieren mit großen Zähnen. In der Neuzeit quälen uns aber auch andere Ängste, wie z. B. die Angst zu versagen, Angst vor Blamage und Beschämung, Angst den Job zu verlieren, das Ziel nicht zu erreichen oder überfallen und ausgeraubt zu werden, Angst vor Überschwemmung und Feuer usw.

Kein Wunder also, dass wir die Angst trotz ihrer wichtigen Orientierungsfunktion nicht als Glücksempfindung wahrnehmen, sondern vielmehr als Belastung, da sie uns irritiert und uns in unseren Lebensvollzügen beeinträchtigt. In der Liste der bevorzugten Gefühle stehen die positiv besetzten wie Freude, Zufriedenheit, Glück, Stolz und Zuversicht an erster Stelle. Am traurigen Ende erhält die Angst ihren Platz. Dabei hat sie doch, wie eben erläutert, eine wichtige und schützende Funktion. Sobald die Angst auftaucht, wird sie bearbeitet, verleugnet oder schlichtweg unter den Teppich gekehrt. Dabei brauchen wir sie, um Gefahren zu erkennen und diesen aus dem Weg gehen zu können. Auch Kinder brauchen ein gewissen Maß an Angst, beispielsweise um nicht einfach mit jedem Fremden mitzugehen oder die Hand in das Maul eines Hundes zu stecken, um nicht einfach von einem hohen Gegenstand oder Treppenabsatz herunterzuspringen oder über die befahrene Straße zu laufen, um generell auf gefährliche Situationen aufmerksam zu werden.

Da die Angst zu unseren Gefühlen gehört und eine schützende Alarmfunktion hat, zeigt sie sich. Sie drängt sich auf und beeinflusst unsere Stimmung. Misstrauisch wird die Angst von uns betrachtet, denn sie verändert unser Verhalten.

Sie drückt aufs Gemüt, lähmt, macht unsicher und nervös, geht unter die Haut, zeigt sich auf der Hautoberfläche in verräterischer Röte oder Blässe. Die eine bekommt eine Gänsehaut, der andere Bluthochdruck, die Luft zum Atmen staut sich beim Dritten im Hals. Ein jeder von uns kennt daher auch Vergleiche wie: »Die Angst sitzt uns im Nacken« oder »Das schlägt uns auf den Magen.« Wenn es ganz heftig kommt, wandert die Angst in den Körper und bringt die Hände zum Zittern, die Zähne zum Klappern oder lässt die Knie weich werden.

7.1 Erwachsene und Ängste

Leider blockiert die Angst unser logisches Denkvermögen, sodass uns gute Argumente oder Lösungsansätze einfach nicht einfallen wollen. Denken Sie in diesem Zusammenhang beispielsweise an eine Gesprächssituation, in der Sie verbal angegriffen wurden und mit dem Rücken zur Wand standen. Ihr Herz schlug schneller, die Hände wurden feucht, die Luft blieb weg und somit auch die Worte. Ihnen fiel keines ihrer gut zurechtgelegten Argumente mehr ein. Und warum? Weil Sie Angst hatten. Erst als die Situation beendet war, Sie wieder auf dem Flur standen und sich von dem Ort entfernten, fielen ihnen auf einmal wieder eine Handvoll guter Argumente ein, die Sie eben hätten vortragen können, nach dem Motto: »Mensch, warum ist mir das denn eben nicht eingefallen« oder »Ach, das hätte ich doch sagen können.«

Der gerade beschriebene Prozess der inneren Blockade läuft ganz unwillkürlich ab. Es ist nicht möglich ihn zu kontrollieren. Deshalb fühlen wir uns handlungsschwach und eingeengt, geradezu ohnmächtig, werden wütend auf uns selbst oder meiden Situationen, die in uns solche Reaktionen auslösen. Erst wenn wir uns ganz konkret mit solchen angeborenen Vorgängen auseinandersetzen und Strategien entwickeln, wie wir solche Situationen meistern können, bekommen wir unsere eigene Angst in den Griff. Fatal wäre es für unsere Entwicklung, würden wir solche Situationen in der Zukunft meiden.

Reflektieren Sie, welche Situationen Ihnen Angst machen und wie Sie damit umgehen. Nehmen Sie sich ein konkretes Beispiel heraus und analysieren Sie zum einen, was genau in jener Situation, die Ihnen

Angst macht, abläuft und was die Ursache der Angst ist. Nun überdenken Sie bitte Ihren inneren Dialog, den Sie in solchen Momenten mit sich selbst führen. Sind diese Gedanken für Sie hilfreich oder eher nachteilig? Lösen die Gedanken positive oder negative Gefühle aus? An was könnten Sie stattdessen denken?

Um Ängste auszuschalten, müssen wir unsere Gedanken über die Situation verändern. Unbewusste Gedanken sind immer stärker als bewusste, weil wir mit den unbewussten Gedanken automatisch ein positives oder negatives Gefühl verbinden. Die negativen Gefühle hindern uns, von daher müssen sie im Unterbewusstsein (im inneren Dialog) verändert werden, damit sie uns nützen. Wenn Sie in einer Situation sind und merken, die Angst kriecht in Ihnen hoch, weil beispielsweise die Gegenseite schlagfertige Argumente vorbringt, halten Sie kurz inne und machen Sie sich bewusst, was Sie in diesem Moment denken. Betrachten Sie also Ihren eigenen inneren Dialog. Fragen Sie sich: »Ist es hilfreich, was ich denke? Oder eher nachteilig, wie z. B. ›Oh, die ist ja viel schlauer als ich‹, ›Ich kann das nicht‹, ›Ach wie dumm von mir‹, ›Klar, dass der das sagt, ich bin auch echt nicht fähig‹ usw.«

Solch ein innerer Dialog nützt Ihnen gar nichts und führt nur weiter in die Sackgasse. Er schürt die Angst vor bzw. in der Situation. Versuchen Sie in solchen Situationen doch künftig einmal folgende Strategie: Wenn Sie sich bei solchen Gedanken ertappen, rufen Sie innerlich »Stopp!« Fragen Sie sich: »Was passiert hier gerade?«, »Was denke ich denn von mir?«, »Hilft mir das?« Wenn Sie das verneinen und sich parallel dazu die Situation genauer anschauen (was passiert konkret?), wird Ihnen schnell deutlich, dass Sie in der Situation Ihr Denken gegen sich richten. Wenn Sie das erkannt haben, übernehmen Sie automatisch wieder die Kontrolle und können Ihr Denken verändern, indem Sie sich auf sich selbst konzentrieren, ruhig durchatmen und innerlich bis zehn zählen. Sie können sich dann stärken, indem Sie sich sagen: »Ich kann auf mich und meine Fähigkeiten vertrauen!«, »Ich weiß, was ich kann«, oder »Ich werde jetzt ein gutes Argument vorbringen.« Mit solch einem positiven inneren Dialog stellt sich auch ein positives Gefühl ein. Sie entspannen sich und werden spüren, wie auch Ihr logisches Denken wieder besser funktioniert und Ihnen folglich auch gute Argumente einfallen. Wenn wir unser Denken, unseren inneren Dialog nicht beherrschen, beherrscht er uns.

Wenn uns Erwachsenen die Angst in bestimmten Situationen schon so zu schaffen macht, wie ergeht es da erst den Kindern?

7.2 Kinder und Ängste

Alle Kinder haben Ängste. Und in der ganz normalen Entwicklung eines Kindes gibt es für jede Altersstufe Ängste, die durchlebt und bewältigt werden sollten. Schon im Säuglings- und Kleinkindalter treten Verlust- und Trennungsängste sowie die Angst vor Fremden (Fremdeln) auf. Durch Beziehung und Nähe sowie liebevolle Zuwendung lösen sich diese Ängste in der Regel im Laufe der Kindergartenzeit wieder auf.

Während des zweiten bis fünften Lebensjahres tritt üblicherweise die Angst vor lauten Geräuschen, vor Tieren, der Dunkelheit und dem Alleinsein auf. Die Angst vor Gespenstern und Monstern ist typisch für das vierte bis sechste Lebensjahr. Diese Ängste sollten alle im Laufe der Grundschulzeit zurückgehen. Ab dem siebten Jahr treten die Ängste vor der Schule, Versagensängste und Ängste vor Krankheiten in Erscheinung.[1]

Tabelle 1: Alterstypische Ängste bei Kindern und Jugendlichen im Alter von 0–18 Jahren.[2]

Alter	Quelle typischer Ängste
0–6 Monate	Laute Geräusche Verlust von Zuwendung Intensive sensorische Reize (Kälte, Hitze, Schmerzen)
6–12 Monate	Fremde Menschen und Trennung
2–4 Jahre	Fantasiegestalten Einbrecher Dunkelheit
5–7 Jahre	Naturkatastrophen (Feuer, Überschwemmung) Verletzungen Tiere Medienbasierte Ängste (Ereignisse aus Fernsehen, Radio, Zeitungen)
8–11 Jahre	schlechte schulische und sportliche Leistungen
12–18 Jahre	Ablehnung durch Gleichaltrige

1 Ahrens-Eipper, S. / Leplow, B. / Nelius, K. (2009): Mutig werden mit Til Tiger. Ein Trainingsprogramm für sozial unsichere Kinder. Göttingen.
2 Schneider, S. (2003): Angststörungen bei Kindern und Jugendlichen. S. 10, Berlin.

Kinder als auch Erwachsene zeigen ihre Ängste nicht immer offensiv und reden meist nicht gern darüber. Daher sind Ängste nicht immer leicht zu erkennen.

Angst zu haben ist nicht unbedingt sozial akzeptiert. Kein Wunder, dass da so manch einer seine Angst verbergen möchte, indem er sich besonders cool zeigt und versucht so zu tun, als wäre die Angst gar nicht da. Viele Erwachsene und so manche Kinder, vor allem Jugendliche schämen sich ihre Angst zuzugeben, weil unsere Gesellschaft und auch viele Eltern (insbesondere Väter) dieses als Schwäche auslegen. Sprüche wie: »Ein Indianerherz kennt keinen Schmerz«, »Nun trau dich schon oder bist du ein Schwanzeinzieher«, oder gar »Na du Angsthase, traust du dich etwa nicht?« sind in diesem Zusammenhang leider auch heute noch typisch.

In der Sprache der Jugendlichen wird dies durch Äußerungen wie »Biste ne Schwuchtel, oder was?« sogar noch weit übertroffen. Wen wundert es dann, dass viele Jugendliche und Erwachsene immer wieder äußern: »Ich hab überhaupt keine Angst« und mit prahlerischen Gesten darüber hinweg spielen. Wie sollen Kinder zu Hause oder in ihrem Freundeskreis verstehen lernen, dass sich hinter einer Prahlerei und Angeberei Angst versteckt? Viele Jugendliche und Erwachsene durchschauen dieses Verhalten bei sich selbst nicht einmal und reagieren falsch.

> Welche Sprüche fallen Ihnen ein? Gibt es Situationen, die Sie erlebt oder beobachtet haben, in denen Erwachsene Kindern bewusst etwas vorgemacht haben? Oder unangemessen mit Ängsten von Kindern umgegangen sind? Vielleicht sogar die Angst der Kinder geschürt oder ausgenutzt haben? Diskutieren Sie dies bitte mit Kollegen aus Ihrem Team und überlegen Sie sich gemeinsam, welche Strategien sich im Umgang mit Kinderängsten bewährt haben und welche Hilfsmittel, wie z. B. ein Sorgenfresserchen oder ein Mut-Mach-Stein, im Alltag angewendet werden können.

Dass Eltern, wie auch Sie als Erzieherin, mit Ängsten von Kindern konfrontiert werden, ist normal und natürlich. Diese kommen allerdings in unterschiedlicher Ausprägung vor, bei einem Kind mehr und bei einem anderen Kind überhaupt nicht oder nur ganz schwach. Es gibt neben den entwicklungsbedingten Ängsten (vgl. Tabelle 1) aber auch andere Formen, die sich aus tiefer liegenden Problemen (Gewalt gegen Kinder, Vernachlässigung, Trennung der Eltern, Tod eines nahen Angehörigen, Missbrauch usw.) ergeben. Gerade das macht Kinderängste zu einem undurchschaubaren, oft auch beängstigenden Feld für uns Erwachsene. Hier scheint auch die Ursache dafür zu liegen, dass der Umgang mit den Kinderängsten als oft so schwierig angesehen wird. Die abfälligen Bemerkungen, die Kinder dann häufig zu hören bekommen, werden der Angst aber nicht gerecht und führen nur dazu, dass sich Kinder Strategien überlegen, wie sie ihre Angst vermeiden oder verleugnen können.

Viel besser wäre es, wenn Erziehende mit ihren Kindern gemeinsam eine Angstbewältigungsstrategie überlegen würden. Denn Angstvermeidung führt unweigerlich in eine Sackgasse, macht handlungsunfähig und auf Dauer unsicher und schwach. Generationen von Kindern wurden z.B. durch die gut gemeinten Worte der Erwachsenen: »Ach, du brauchst doch keine Angst zu haben« getäuscht, denn Kinder haben nun einmal zu bestimmten Zeiten oder in bestimmten Situationen Angst. Sie erröten, zittern, haben Kopf- oder Bauchschmerzen oder verspannen sich. Manche Kinder suchen sich Fantasiegestalten, um ihre Angst zu visualisieren. Außerdem wird die Sichtweise des Kindes bei dem Satz »Du brauchst …« ignoriert, wodurch dem Kind suggeriert wird: Dein Gefühl, deine Empfindung stimmt nicht. Die Angst wird nicht ernst genommen, für das Kind nicht greifbar und lagert sich als etwas Schwammiges in seinem Inneren ab. Das Kind spürt die Angst, erfährt aber durch den erfahrenen Erwachsenen, dass dieses Gefühl nicht stimmt. So kommt es zu Irritationen und bei häufigem Erleben solcher Situationen zu einem Gefühlsverlust – ich kann meinem Gefühl, meinem Empfinden nicht vertrauen.

> Wie steht es mit Ihnen? Verwenden Sie auch diesen Satz? Oder was sagen Sie, wenn ein Kind äußert: Ich habe Angst?

Es stellt sich die berechtigte Frage, warum verwenden viele Erwachsene dennoch so oft und fast automatisiert diesen Satz? Möglicherweise, weil er so vertraut klingt und sie erst einmal Trost spenden wollen. Jeder kennt ihn, hat ihn als kleines Kind und auch später als Erwachsener des Öfteren gehört, in schwierigen und angstvollen Situationen als Zuspruch erfahren. Vielleicht ist er dann ja gar nicht so falsch? Denn er soll doch Mut machen. Aber, tut er das auch? Oder was drückt er eigentlich aus?

Zunächst einmal Zuwendung. Das ist sicher. Der überlegene Erwachsene sagt dem unterlegenen Kind, das Angst äußert, es braucht keine Angst zu haben. Aber bei genauerem Hinsehen heißt er auch: Dein Gefühl ist irgendwie unangemessen in dieser Situation – somit letztendlich nicht richtig. Ich denke, dass viele Erwachsene sich dieses vielleicht noch nie bewusst gemacht haben, da ich jeder Mutter, jedem Vater, jeder Erzieherin, jeder Tagesmutter erst einmal unterstelle, dass sie / er dem Kind etwas Gutes tun will. Vielleicht sollten wir an dieser Stelle aber ehrlich fragen, warum vertrauen all jene nicht auf die Gefühle der Kinder, die ihre Gefühle doch sehr deutlich benennen? Warum gebrauchen sie Worte und spenden nicht einfach Trost? Warum helfen sie nicht durch körperliche Nähe, eine liebevolle Umarmung oder zärtliche Zuwendung? Wäre es in solch einer Situation nicht besser, man würde das Kind in seinem Gefühl bestärken, die Angst zuzulassen, indem man ihm sagen würde: »Ja, ich merke, wie du meine Hand drückst, ich fühle deine Angst. Aber ich bin bei dir. Ich bin da, wenn du mich brauchst.«, oder »Ja, ich kann sehen, dass du Angst hast. Ich spüre, dass du zitterst.« Würde man darüber hinaus das Kind auch noch ermutigen, über seine Angst zu sprechen, geben wir ihm das Gefühl, ich nehme dich ernst, ich verstehe dich, ich bin bei dir und geben ihm gleichsam die Möglichkeit zu erzählen, was los ist.

Bei so einer Vorgehensweise hat das Kind die Chance, über seine Angst und seine Gefühle zu sprechen, auch wenn ihm das in der angsterfüllten Situation noch nicht gelingt. Vielleicht ist es ihm aber später in der vertrauten Gruppe, in geschützter Atmosphäre möglich. Darüber hinaus erlebt es vorrangig, dass sein Gefühl richtig war, dass es legitim ist, dieses auch zu äußern und dass der Erwachsene dieses Gefühl ernst genommen hat. Es spürt konkret, dass der Erwachsene seine Angst wahrgenommen und zugelassen hat. Reagieren wir nicht so und tun die Angst des Kindes lapidar ab, lernt es die erste Lektion im Umgang mit der Angst: Wenn ich meine Angst einem Erwachsenen zeige, dann sagt der mir, was ich wirklich fühlen sollte. So übernimmt das Kind vielleicht automatisch die Einstellung und bemüht sich, in Zukunft in Angstsituationen anders, nämlich cool zu reagieren, die Angst zu überspielen oder sogar zu vermeiden. Letztendlich bleibt sie aber im Inneren zurück und führt auf kurz oder lang zu Problemen bzw. Bauchschmerzen. Solch eine Vorgehensweise und vielleicht veraltete Sicht wird der Angst als grundlegender Emotion nicht gerecht und ignoriert die wichtige Alarmfunktion.

Was können Sie tun, wenn bei Kindern Ängste auftreten?

1. *Ernst nehmen:* Nehmen Sie die Ängste der Kinder immer ernst, aber geraten Sie nicht sofort in Panik oder Übereifer. Versuchen Sie ein Stück weit gelassen, aber aufmerksam zu reagieren und dokumentieren Sie für sich das beobachtete Verhalten, die Äußerungen und die Situation, in der die Angst gezeigt wurde. So geht nichts verloren und Sie können jederzeit, z. B. im Reflexionsgespräch mit einer Kollegin oder im Elterngespräch, darauf zurückgreifen.

2. *Informieren:* Finden Sie gemeinsam mit dem Kind etwas über das angstbehaftete Thema heraus, indem Sie z.B. Bilderbücher oder Geschichten zur Hilfe nehmen. Gehen Sie mit dem Kind dem Thema auf den Grund, werden Sie zu Forschern und Entdeckern. Finden Sie z.B. gemeinsam heraus: Wo leben Schlangen? Was muss man im Umgang mit Hunden beachten? Wie verhalte ich mich im Schwimmbad, Verkehr, Supermarkt richtig? Wie hilft die Polizei? Wie schützt die Feuerwehr? Warum wird man krank? Wann muss man sterben? Je nachdem, was das Kind gerade bewegt und ihm Angst macht.
3. *Handlungsmöglichkeiten erarbeiten:* Fördern Sie die Eigenaktivität des Kindes, indem Sie gemeinsam sinnvolle Handlungsmöglichkeiten suchen und trainieren. Wie kann ich mich schützen? Was mache ich, wenn ich mich nicht allein traue? Wie werde ich geschickter? Was mache ich, wenn …? Über Rollen-/Puppenspiele oder durch Selbsttun können Sie mit dem Kind konkrete Situationen proben und erlebbar machen. Auch sind klare Hilfsmittel, wie z.B. eine Taschenlampe, wenn es dunkel ist oder ein Mut-Mach-Stein in Hosentasche, wenn man Angst hat, sinnvoll.
4. *Klare Grenzen:* Das Kind hat ein Recht auf seinen eigenen Willen und den Schutz der eigenen Person. Stärken Sie die Kinder, indem Sie Respekt vor ihrem Nein haben. Ermutigen Sie die Kinder nein zu sagen, wenn sie etwas nicht wollen. Schützen Sie die Kinder vor dem Überschreiten der persönlichen Grenzen, z.B. indem vorher gefragt wird, bevor man in die Tasche des Kindes schaut, ihm im Turnraum die Kleidung auszieht, und indem Sie dafür Sorge tragen, dass z.B. kein anderes Kind unter der Tür nachschaut, wie es auf der Toilette sitzt. Machen Sie dem Kind klar, was in einer Bedrohungssituation, z.B. durch eine Überzahl von älteren Kindern oder durch Erwachsene sinnvoll ist, was es konkret tun kann, um sich zu schützen (fliehen oder Hilfe holen). Und gehen Sie sofort dazwischen, wenn Kinder handgreiflich werden, sich attackieren, jemanden auslachen oder vorführen. Setzen Sie klare Grenzen.
5. *Schutz bei Bedrohung:* Bauen Sie zu dem Kind eine sichere Beziehung auf, damit es sich bei Gefahr oder Bedrohung an Sie wendet. Ermutigen Sie das Kind, sich Ihnen anzuvertrauen, wenn es sich von jemandem bedroht oder belästigt fühlt. Üben Sie mit dem Kind, wie Hilfe holen geht und machen Sie ihm deutlich, dass lautes Schreien, um sich Schlagen, Flüchten, Hilfe holen oder zu einer vertrauten Person laufen richtige und wichtige Hilfen sind. Schützen Sie das Kind aktiv, indem sie es aus einer angstbesetzten Situation nehmen und ihm aufzuzeigen, ich stehe dir bei.
6. *Keine Ängste schüren:* Bleiben sie realistisch. Wir leben nicht auf einem brodelnden Vulkan oder einer Gletscherspalte, auch nicht im Dschungel oder

in den Fängen der Mafia. Die Kinder sollten wissen, welche Gefahren es gibt und wie sie sich angemessen verhalten bzw. sich davor schützen können. Allerdings sollten sie nicht in ständiger Sorge oder Panik leben und sich permanent bedroht fühlen. Zeigen Sie den Kindern lieber die schönen Dinge des Lebens, es gibt so viel zu entdecken. Unser Leben ist so wunderbar und vielfältig.

7. *Kalkulierbares Risiko:* Es ist zwar ein Risiko am Straßenverkehr teilzunehmen, aber es ist kalkulierbar und birgt, wenn man weiß, auf was man achten soll, ein sehr überschaubares Risiko in sich. Und das Risiko, von einem Auto angefahren zu werden, ist nicht größer als das Risiko, auf der Straße überfallen zu werden. Es gibt demnach immer ein kalkulierbares und ein nicht kalkulierbares Risiko. Minimieren Sie das Risiko fürs Kind. Wirkliche Risiken, mit denen wir leben müssen, sind das Krankwerden und Sterben. Wenn Kinder sich mit Tod und Sterben beschäftigen, sollten Sie das ernst nehmen und nicht ignorieren – auch dann nicht, wenn Ihnen das Thema schwerfällt. Holen Sie sich Hilfe bei erfahrenen Kollegen oder externen Fachleuten. Sie können auch Bücher als Hilfsmittel hinzuziehen. Es gibt wunderbare Bilderbücher, die das Sterben und Abschiednehmen sehr kindgerecht und sensibel aufgreifen.
8. *Keine falschen Versprechungen:* Seien Sie ehrlich. Machen Sie den Kindern bitte keine falschen Versprechungen, wie z. B. »Nein, dir wird nichts passieren, du bist noch so jung«, »Sicher wird die Oma wieder gesund …«, »Nein, hier kann kein Feuer ausbrechen«, die Sie doch nicht einhalten können. Bleiben Sie ebenso möglichst bei der Wahrheit, wenn es um Nachrichtenmeldungen geht. Insbesondere Themen wie Kindesentführung und Kindesmissbrauch sollten nicht tägliches Gesprächsthema sein. Fragen von Kindern zu diesen Sachverhalten sollten aber ehrlich beantwortet werden, dem Entwicklungsstand und Alter angemessen. Den Kindern gegenüber zu behaupten »So etwas gibt es hier nicht«, ist gelogen. Tipp: Ich habe Fragen dieser Art immer erst einmal mit einer Gegenfrage beantwortet. »Was meinst du denn?« So konnte ich sehr gut heraushören, was das Kind bereits weiß oder wie seine These zur Frage lautet. Diese Methode bietet sich auch bei allen Fragen rund um das Thema Sexualität an. Auch hier ist es sehr sinnvoll auf eine Frage, wie z. B.: »Wie kommen denn die Babys in den Bauch?«, erst einmal mit einer Gegenfrage, wie »Was meinst du denn, wie das geht?« zu reagieren.
9. *Zur Seite stehen, dranbleiben:* »Ich bin da, wenn du mich brauchst! Du kannst dich auf mich verlassen!« Diese Haltung gibt Sicherheit, erdrückt Kinder aber nicht und nimmt ihnen auch nicht die Luft zum Atmen. Geben Sie den Kindern nicht das Gefühl, dass Sie alles wissen, können und sie vor

allem bewahren und beschützen werden. Seien Sie einfach da, wenn das Kind Sie braucht. Sagen Sie dem Kind, dass Sie ihm in Problemsituationen beistehen werden, so gut Sie können, und dass Sie gemeinsam mit ihm eine Lösung finden werden. Unterstützen Sie es aktiv durch das Einüben von Angstbewältigungsstrategien und sorgen Sie für eine stress- und angstfreie Spiel- und Lernatmosphäre.

10. *Kinder stark machen:* Sagen Sie dem Kind immer wieder, dass es an seine eigenen Fähigkeiten glauben kann und dass es schaffen wird, was es sich vornimmt. Zeigen Sie dem Kind, dass auch Sie an seine Fähigkeiten glauben und ihm etwas zutrauen. Machen Sie ihm Mut, dass es lernt, auch selbst an sich zu glauben, indem Sie es ermutigen und unterstützen. Denn meistens fürchten sich Kinder auch nicht vor konkreten Dingen, sondern vor dem, was alles passieren könnte (z. B. im dunklen Keller, mit dem großen Hund, bei der Mathearbeit am nächsten Tag) also dem Unbekannten an sich. Gelingt es, diese Erwartungsängste zu durchbrechen bzw. zu besiegen, indem wir die Kinder zu bestimmtem Handlungen oder positiven Denkmustern ermutigen, kann das Kind sich für neue positive Erfahrungen öffnen.
11. *Übermäßiges Behüten vermeiden:* Überbehütete Kinder haben häufig wenig Zutrauen in die eigenen Kompetenzen und Potenziale. Sie wissen nicht um ihre Fähig- und Fertigkeiten und trauen sich nur wenig zu. Sie sind auch häufig ängstlicher als andere und verfallen so schnell in die Opferrolle.

Wichtig: »Ängste sind so lang normal, wie sie nicht das Leben der Kinder beherrschen. Wenn Kinder aus Angst anfangen Dinge zu vermeiden, die ihnen eigentlich Spaß machen würden oder die für ihre Entwicklung wichtig sind, kommt es zu erheblichen Beeinträchtigungen.«[3]

7.3 Angst zu haben ist wichtig

Wie Sie schon gelesen haben, warnt die Angst ein Kind vor Gefahr und weckt gleichzeitig seine inneren Kräfte, damit es sich aus einer bedrohlichen oder gefährlichen Situation befreien kann bzw. mit ihr angemessen umzugehen lernt. Deshalb brauchen Kinder vielfältige Möglichkeiten zur konstruktiven Auseinandersetzung mit ihren Ängsten, um Strategien zu

---

3 Ahrens-Eipper, S./Leplow, B./Nelius, K. (2009): Mutig werden mit Til Tiger. Ein Trainingsprogramm für sozial unsichere Kinder. S. 20, Göttingen.

entwickeln, denn dadurch reift ihre Persönlichkeit und sie werden selbstständig und selbstbewusst, finden eigene Wege, um mit angstvollen Situationen auch allein fertig zu werden.

Indem wir Kindern etwas zutrauen, sie durch Zuspruch ermutigen, z. B. »Ja, trau dich, du schaffst das schon«, »Klar, das kannst du, ich hab doch schon gesehen, wie dir das gelungen ist«, werden sie mutiger und trauen sich etwas zu. Sie lernen, auf ihre Fähigkeiten zu vertrauen. Sicherheit, Ermutigung und gute Erfahrungen führen dann letztendlich zum Aufbau von Selbstvertrauen und Selbstsicherheit. Das Kind spürt seine positiven Kräfte in sich wachsen, ganz nach dem Motto: »Ich kann was, ich schaff das!«

Dass Kinder zwischen Mut und Waghalsigkeit unterscheiden lernen, ist ganz wichtig. Denn Angst hat jeder mal: Erwachsene wie Kinder. Bei Kindern breiten sich Ängste nur leichter aus, weil sie weniger über die Welt wissen und ihnen viele Erfahrungen fehlen. So ist es wichtig, dass die Kinder die kritische Distanz zu Dingen und Situationen beibehalten und ein gesundes Empfinden für Nähe und Distanz entwickeln lernen. Die Begegnung mit Angst, Erschrecken und Furcht gehören zur Entwicklung ganz natürlich dazu. Entscheidend ist, dass Kinder lernen müssen, mit diesen Erfahrungen konstruktiv und positiv umzugehen. Wie vielfältig Kinderängste sein können, möchte ich plakativ nur an einigen Beispielen aufzeigen. Es gibt Angst vor: Dunkelheit und Einsamkeit, vor Gespenstern, Monstern, Zauberwesen, vor Abschied und Tod, vor Ekeltieren, vor Hexen, Räubern und Verbrechern, vor Krieg und Naturgewalten, vor Trennung und Scheidung der Eltern, vor Krankheit, vor Gewalt (Strafe, körperliche Züchtigung, Verspottung …), vor Albträumen, vor Versagen, vor Räumen und Situationen, vor Höhen, vor Tiefen, vor dem Tod etc.

Natürlich kann ich an dieser Stelle nicht auf alle eben benannten Formen der Angst eingehen. Auch Patentlösung kann ich leider nicht präsentieren. Was ich aber tun kann, ist Ihnen einige Tipps ans Herz legen, die sich im pädagogischen Alltag bewährt haben und Ihnen im Umgang mit ängstlichen Kindern helfen können.

- Zuerst einmal, schauen Sie bitte noch einmal in Ihr Inneres und setzen Sie sich mit Ihren eigenen Ängsten auseinander. Wie reagieren Sie? Wie und auf welche Weise sind Sie ein Vorbild?
- Zeigen Sie dem Kind, dass es in Ordnung ist, Gefühle zu zeigen und Angst zu haben und auch, dass Angst nicht gefährlich ist.
- Nehmen Sie die Angst des Kindes ernst, aber geben Sie dem Kind keine

zusätzliche Aufmerksamkeit, wenn es wegen der Angst Situationen vermeidet.

- Loben Sie das Kind, wenn es mutiges Verhalten zeigt und sich etwas zutraut.
- Glauben Sie an das Kind. Ermutigen Sie es und trauen Sie ihm etwas zu. Fördern Sie die Eigenverantwortung.
- Seien Sie nicht ungeduldig, wenn sich nicht sofort etwas verändert und sich Erfolge nicht unmittelbar einstellen. Vertrauen Sie auf den Prozess.
- Und zu guter Letzt: Holen Sie sich Hilfe bei Kollegen oder professionelle Unterstützung, wenn sich überhaupt keine Veränderung einstellt und die Ängste zu lange andauern. Sobald Sie spüren und beobachten, dass das Kind unter den Ängsten leidet oder in seiner Entwicklung beeinträchtigt wird, ist Hilfe von Nöten.

Im täglichen Umgang mit den Kindern kommt es darauf an, dass Sie ein gutes Vorbild sind. Bieten Sie den Kindern auch in diesem Bereich Nachahmungsmöglichkeiten, d. h., zeigen Sie ihnen durch Ihr Handeln auf, dass es normal ist Angst zu haben und dass man Ängste zugeben darf. Geben Sie z. B. Ihren Kindern gegenüber zu, dass Sie auch manchmal Angst haben, dann können sie sich in Ihnen wiederfinden.

Wichtig ist in diesem Zusammenhang allerdings, dass Sie Ihre Angst weder bagatellisieren noch dramatisieren, sondern einfach ehrlich benennen, wie z. B.: »Puh, da hatte ich jetzt aber Angst um dich, als du da so schnell um die Kurve gesaust bist …« oder »Ja, ich hab die Bilder auch in der Zeitung gesehen. Das Erdbeben ist wirklich schrecklich, das macht mir Angst. Zum Glück gibt es aber solche Erdbeben nicht hier in unserer Gegend.« Wenn Sie so reagieren und den Kindern deutlich machen, dass Sie als Erwachsener bzw. als vertraute Person auch Angst haben, kann sich das Kind an Ihnen orientieren und erlebt konkret, dass es völlig in Ordnung ist, wenn man Angst hat und es sich nicht dafür schämen muss. Ferner sollten Sie den Kindern Erprobungsmöglichkeiten bieten, damit sie lernen, wie sie sich aus einer Angstsituation befreien können. Denn alle Kinder sollten lernen, wie sie Ängste selbst bewältigen können. Das könnte beispielsweise wie folgt ablaufen:

- Das Kind hat Angst vor der Dunkelheit und soll mittags in der Kita schlafen. »Du hast Angst vor der Dunkelheit? Dann lass uns mal überlegen, was man dagegen tun kann: Wir lassen die Jalousien nicht ganz herunter. / Wir lassen im Zimmer ein Lämpchen an. / Ich bin nebenan und komme gleich noch einmal wieder und schau nach dir. / Ich bleibe solange bei dir, bis du eingeschlafen bist.« Es gilt, die Angst der Kinder ernst zu nehmen und gleichsam mit ihnen nach Möglichkeiten zu suchen, wie man die Angst bewältigen kann. Natürlich bedarf es auch hier der Geduld und des Einfühlungsvermögens, da Kinder (vor allem kleine Kinder) nicht immer exakt sagen können, was ihnen Angst macht. Oft ist es nur ein Gefühl, welches die Angst auslöst. Es geht daher in erster Linie um das Ernstnehmen und Zulassen der Angst und dann in zweiter Linie um die Bewältigung. Ebenso ist es für Kinder wichtig zu erfahren, dass sie mit ihrer Angst nicht allein sind. Oft reicht es schon, wenn man ihr Gespür schärft, dass sie wissen, wo sie sich Hilfe holen können; sie erfahren, ich stehe mit meiner Angst nicht allein da.

- Ein Kind hat Angst in den Geräteschuppen auf dem Kita-Spielplatz zu gehen. Sie reagieren darauf nicht mit dem Satz: »Ach, da brauchst du doch keine Angst zu haben«, sondern beispielsweise mit: »Ja, ich kann verstehen, dass du vor dem Geräteschuppen Angst hast. Es ist sehr schummerig und dunkel darin, und du weißt auch nicht genau, was da alles liegt oder steht. Ja, da gibt es bestimmt auch Spinnen … Weißt du, was wir jetzt machen? Wir gehen gemeinsam hinein. Wir machen Licht, dass es schön hell ist, und ich zeige dir alles. Du kannst mich auch fragen, wenn du etwas wissen möchtest oder du etwas siehst, was dir Angst macht. Als ich klein war, hatte ich auch manchmal Angst allein in den Geräteschuppen zu gehen. Da hatte bestimmt jeder schon mal Angst. Aber du bist ja nicht allein. Ich gehe mit dir und ich schau auch nach Spinnen. Wenn ich eine sehe, sag ich dir Bescheid und nehme sie sofort weg oder wir gehen sofort wieder heraus.« So erlebt das Kind, dass Sie seine Angst ernst nehmen und verstehen und dass es gleichsam mit der Angst nicht allein dasteht. Außerdem zeigen Sie ihm einen Weg aus der Angst heraus, also eine Strategie, auf. Die Strategie zur Angstbewältigung lautet: »Licht anmachen, nicht allein, sondern zu zweit gehen.« Das Kind erlebt, dass seine Angst vor dem Geräteschuppen mit den Spinnen darin unberechtigt war, da es sich an Ihrer sicheren Seite vom Gegenteil überzeugen kann. Auf diese Weise überwindet es vielleicht seine Angst und traut sich beim nächsten oder übernächsten Mal, auch allein oder mit einem anderen Kind in den Geräteschuppen zu gehen. Bei Kindern im Alter von drei bis sechs Jahren kann man sich auch die Kraft der Fantasie zunutze machen. Ein *Mut-Mach-Stein* an dem es sich festhalten kann oder ein *Mut-Mach-Bonbon* helfen fast immer eine angsterfüllte Situation sicher zu überstehen. Der Glaube an den Mut-Mach-Stein versetzt oft Berge und hilft den Kindern auch dann weiter, wenn Sie einmal nicht persönlich da sein sollten. Wichtig ist an dieser Stelle der Hinweis darauf, dass es sich natürlich von selbst versteht, Kindern keine Angst zu machen. Indem wir mit der Angst der Kinder spielen oder sie gar ausnutzen, machen wir sie hilflos und schüchtern sie ein.

7.4 Angstbewältigungsstrategien

Kinder brauchen Strategien, wie sie selbst Ängste bewältigen können. Eine habe ich Ihnen gerade mit dem Beispiel vom Geräteschuppen auf dem Außengelände des Kita-Spielplatzes aufgezeigt, eine andere hieße vielleicht: Verbündete suchen, eine Gemeinschaft bilden, zueinander halten, einen Freund holen, einen Größeren fragen, sich jemandem anvertrauen oder sich mit mehreren Kindern gemeinsam der Angst einflößenden Situation stellen. Für Kinder, aber auch so manchen Erwachsenen, ist dies eine wirksame Methode zur Angstbewältigung.

Kinder brauchen Möglichkeiten, in denen sie Mut erleben und auch konkret erfahren können, d. h., auf den Erfolg ihres Handelns vertrauen lernen, statt sich durch die Angst vor Misserfolg selbst zu hemmen. Angst darf nicht hilflos machen. Sie als Erzieherin müssen dafür sorgen, dass Ihre Kinder vielfältige Erlebnismöglichkeiten bekommen, ihr Mutigsein zu erproben. Für das eine Kind ist es in diesem Zusammenhang schon sehr mutig, wenn es zur Erzieherin in die Nachbargruppe geht, um von dort ein Spiel zu holen, während es für das andere Kind eher eine Bagatelle ist. Auf jeden Fall müssen Sie stets Entwicklungsalter und die jeweilige Situation sowie Persönlichkeit des Kindes berücksichtigen. Ganz wichtig ist auch, dass Sie bei Mut-Mach-Spielen den Kindern immer wieder den Unterschied zwischen Leichtsinn (Waghalsigkeit) und Mut aufzeigen, damit die Kinder lernen, zwischen beidem zu unterscheiden und die eigenen Leistungen anzunehmen, eigene Schwächen zu berücksichtigen und sich nicht selbst zu überschätzen. Es sollten klare Absprachen herrschen, um das Kind vor Gefahren zu schützen, wie z. B.: »Springe nie irgendwo hinein oder herunter, wo du nicht weißt, was der Untergrund ist oder wie tief es ist.« Dabei ist es ganz gleich, ob es sich um die Sprossenwand in der Turnhalle, einen Baum auf dem Spielplatz oder den Baggersee handelt.

Ein weiterer, sehr wichtiger Aspekt ist der, dass Kinder lernen sollten, ihre eigenen Gefühle bewusst zu erleben, wahrzunehmen und zu akzeptieren. Sie sollten lernen auf ihre eigenen Empfindungen und Maßstäbe zu vertrauen, um sich unabhängig vom Erwachsenen ein Bild über das eigene Empfinden zu machen. Hierfür bieten sich sehr viele Spiele und Materialien an. In den Trainingsprogrammen *Faustlos* oder *Stopp*[4] nimmt dieser Bereich daher auch einen großen Erfahrungsraum ein. Im täglichen Umgang mit den Kindern ist es für uns als Frühpädagogen jedoch am

4 Vgl. *Zum Weiterlesen* am Ende des Kapitels.

wichtigsten, dass wir die geäußerten Gefühle des Kindes akzeptieren und bestätigen, ohne sie zu bagatellisieren oder zu dramatisieren.

Hierzu ein Beispiel: Das Kind fängt nach einem kleinen Sturz auf dem Außengelände an zu weinen, zeigt auf sein Bein (kleine Schramme) und äußert, dass es Schmerzen hat. An Ihnen ist es nun, angemessen und emphatisch darauf zu reagieren, indem Sie das Gefühl des Kindes an- und ernst nehmen und nicht darüber hinweggehen, nach dem Motto: Ach, das war doch gar nicht so schlimm. Eine gute Rückmeldung für das Kind wäre z. B.: »Oh Tobias, du hast dir weh getan, ja, ich sehe es. Dein Bein tut bestimmt weh. Lass mich mal sehen, wie ich helfen kann.« oder »Ja, das tut weh, das kann ich dir ansehen. Komm zu mir, ich puste einmal.«

Wenn Sie so reagieren, spürt das Kind, dass Sie es in seinem Gefühl, seiner Empfindung bestätigen, es ernst nehmen und ihm aufzeigen, dass sein Gefühl richtig ist (»Ich habe Schmerzen und der Erwachsene sieht das auch so. Also stimmt mein Gefühl.«). Ebenso zeigen Sie ihm eine Lösung auf, aus dieser beklemmenden bzw. unangenehmen Situation wieder herauszukommen. Sie haben weder bagatellisiert noch dramatisiert, sondern lediglich seine Gefühle akzeptiert. Bei solch einem Vorgehen können die Kinder ihre eigene innere Stärke finden und erkennen, da sie eine unangenehme Situation bewältigt haben. Diese Stärke brauchen sie, um sich auch angemessen in anderen Situationen einsetzen zu können und um eine positive Selbstwahrnehmung und ein positives Selbstwertgefühl zu entwickeln. Bei allem Wohlwollen ist es manchmal auch ratsam, kurz und sehr deutlich zu reagieren. Damit meine ich, dass Sie in solchen Momenten, wenn das Kind zur Dramatik neigt, die Gefühle zwar ernst nehmen, aber nicht weiter darauf eingehen sollten. Ignorieren Sie theatralisches Verhalten der Kinder. Es gibt durchaus auch Kinder, die sich in Kleinigkeiten hineinsteigern und aus der Situation nicht wieder herausfinden. Das nötige Fingerspitzengefühl, um in diesen Situationen angemessen und richtig zu reagieren, entwickeln Sie durch Erfahrung bzw. ganz automatisch im Laufe Ihres Berufslebens.

Zum Abschluss dieses Kapitels noch ein letzter Gedanke: Generell sollten wir immer versuchen, der Angst auf positive Weise zu begegnen. Denn es ist wichtig, dass die Kinder sich nicht vor der Zukunft fürchten, sondern lebensbejahend, optimistisch und mit Begeisterung eine positive Zukunftsperspektive entwickeln. Sie sollen ihr Leben als Geschenk betrachten und Lebensträume sowie Ziele entwickeln. Und das können sie nur, wenn sie sich nicht permanent vor allem und jedem fürchten.

Zum Weiterlesen

Ahrens-Eipper, S. / Nelius, K. (2009): Mutig werden mit Til Tiger. Göttingen
Bostelmann, A. / Metze, Th. (2011): Zwischen Himmel und Erde. Weinheim
Cierpka, M. (2005): Faustlos – Wie Kinder Konflikte gewaltfrei lösen lernen. Freiburg.
Hoffmann, K. von / Lilienfeld-Toal, V. / Metz, K. / Kordelle-Elfner, K. (2008): Stopp – Kinder gehen gewaltfrei mit Konflikten um. Buxtehude
Rogge, J.-U. (2001): Kinder haben Ängste. Hamburg
Schmid König, N. (2010): Damit Kindern kein Flügel bricht. München

Bilderbücher

Fitzpatrick, M.-L. (2000): Lisa und Müffel. Lüneburg
Kreul, H. / Geisler, D. (2004): ich und meine Gefühle. Bindlach
Ende, M./ Fuchshuber, A. (1978): Das Traumfresserchen. Stuttgart
Boje, K. / Dietel, E. (2001): Kirsten Boje erzählt vom Angsthaben.Hamburg
Gorbatschow, V. (2004): Winnie und die wilden Wölfe. Zürich
Ross, T. (1988): Ich komm dich holen.Stuttgart
Oynen, W. (1987): Abschied von Rune. Hamburg
Becker, A. / Niggemeyer, E. (1979): Ich will etwas vom Tod wissen. Ravensburg
Varley, S. (2009): Leb wohl, lieber Dachs. Wien
Nilsson, U. / Tidholm, A.C. / Könnecke, O. (2011): Adieu Herr Muffin. Weinheim
Hermann, I. / Sole-Vendrell, C. (2010): Du wirst immer bei mir sein. Ostfildern

Therapeutische Geschichtenbücher

Keyserlingk, L. von (1999): Geschichten gegen die Angst. Freiburg
Brett, D. (2007): Anna zähmt die Monster, Teil 1.Salzhausen
Brett, D. (2008): Ein Zauberring für Anna, Teil 2. Salzhausen
Keyserlingk, L. von (2001): Da war es auf einmal so still. Freiburg

HEUTE SCHON GESUNGEN?

8. Heute schon gesungen?

Die Musik aber ist der wichtigste Teil der Erziehung: Rhythmen und Töne dringen am tiefsten in die Seele und erschüttern sie am gewaltigsten.
Platon

Singen wie Musizieren fördert die emotionale und kognitive Intelligenz. Warum? Weil in der Musik gleichzeitig ganz viele unterschiedliche Fähigkeiten und Sinne beansprucht werden. Die Wahrnehmung und der Gebrauch der Sinne sind die Grundlage für künstlerische Ausdrucksfähigkeit. Diese fordern die ganze musische Lernfähigkeit eines Kindes heraus. In der Lebenswelt der Kinder findet sich ein breites Spektrum an Möglichkeiten. Sie ist voller Töne, Geräusche und Klänge, die es zu entdecken gilt. Viele Elemente dieser Lebenswelt wecken die Neugierde und die Fantasie der Kinder. Sie regen dazu an, Gehörtes und Gesehenes in einen Rhythmus oder Sprache, Bewegung und Kreativität in Musik umzusetzen. Wenn Kinder singen, musizieren, tanzen oder sich rhythmisch bewegen, bringen sie ihre ureigenste Sicht der Welt und ihre Gefühle zum Ausdruck. So sind sie nicht nur rational und körperlich aktiv, sondern auch emotional berührt.

Jede Erzieherin, die mit Kindern musiziert und singt, ist Impulsgeberin und öffnet die Tür zur Ton- und Klangwelt. Sie sollten selbst viel Freude und Spaß an Musik haben und sich auch in diesem Bereich über Ihre Vorbildfunktion im Klaren sein. Wenn Sie Kinder durch Ihr Mitmachen und Aktivsein begeistern und zum Gebrauch ihrer Sinne, zu Tanz, Bewegung und Kreativität anregen, sind die Grundlagen gelegt. Später dann, wenn die Kinder sich für ein erstes Instrument, wie z. B. das Glockenspiel oder die Flöte, entscheiden, kommen die weiteren folgenden Aspekte hinzu.

Musizieren fordert ein hohes Maß an Konzentration, Aufmerksamkeit und Durchhaltevermögen. Schon bei einfachen Stücken werden Fähigkeiten des Intellekts (Begreifen), der Grob- und Feinmotorik (Greifen), der Emotion (Ergriffen sein) und der Sinne beansprucht. Das genaue Zusammenspiel bzw. die Koordination der Hände, Finger und Augen verlangen eine gute und ausgeprägte Hand-Augen-Koordination und die räumliche Vorstellungskraft vom Kind. Und so erfordert später das Spielen nach Noten eine schnelle und gleichzeitige korrekte Verarbeitung von Informationen in extremer Fülle wie: Notenkenntnis, Taktgefühl, Tempoeinhaltung und Lautstärkeregulation.

Am Anfang, in Krippe und Kindergarten, steht die pure Freude am schöpferischen Tun und lustvollen Singen, Tanzen, Musizieren im Vordergrund. Das oberste Ziel der musikalischen Bildung in Krippe und Kindergarten ist die Förderung der Wahrnehmung und Sinne, damit Kinder Musik als Quelle von Freude und Entspannung erfahren können. Jedes Kind sollte seine Stimme als erstes Musikinstrument entdecken und mit ihr spielen und experimentieren können. Sie sollen singen und viele neue Lieder kennenlernen, mit Instrumenten, Materialien und Objekten in einen aktiven Dialog treten, Töne und Klänge mit unterschiedlichen Materialien erleben und Rhythmus mit und über den ganzen Körper erfahren. Musik fördert das Sozialverhalten, die Stimm- und Sprachentwicklung, das Bewegungsbewusstsein und wirkt sich positiv auf die Konzentrationsfähigkeit des Kindes aus.

8.1 Musik und Sozialverhalten

Das Erleben von Zeit, Kraft und Raum gehört ganz selbstverständlich zum musikalischen Lernen und ist eine wichtige Grundvoraussetzung, um die musikalische Entwicklung der Kinder zu unterstützen. Da wir meistens nicht allein, sondern mit mehreren Kindern musizieren, singen oder Klangexpeditionen vollführen, erleben sich Kinder im sozialen Miteinander. Sie erproben und erweitern damit ihre soziale Kompetenz. Dies bestätigen auch wissenschaftliche Untersuchungen bei Schulkindern.[1] Man fand heraus, dass Kinder, die zusammen mit anderen Kindern im erweiterten Musikunterricht Instrumente erlernt haben, sich stärker respektieren als Schüler, die in vergleichbaren herkömmlichen Klassen unterrichtet wurden. Die Wertschätzung untereinander war um ein Vielfaches größer, da die Schüler die Einzigartigkeit und die Fähigkeiten der anderen bewusst und aktiv im Alltag erlebten. Daher waren auch der Konkurrenzgedanke und die Ablehnungsbereitschaft untereinander nicht so ausgeprägt wie in herkömmlichen Klassen. Ein harmonisches Sozialverhalten zeigte sich deutlich. Die Schüler dieser Klassen erlernten zwar alle ein eigenes Instrument und dennoch machten sie gemeinsam die Musikklasse aus, das festigte und stärkte den Gemeinschaftssinn und ließ den Respekt vor der Leistung des anderen deutlich wachsen. Achtung, Respekt und Wertschätzung vor der Leistung des anderen standen in diesen Klassen im Vordergrund und trugen zum guten Miteinander bei. Doch woran liegt das?

1 Blank, T. / Adamek, K. (2010): Singen in der Kindheit – eine empirische Studie zur Gesundheit und Schulfähigkeit von Kindergartenkindern. Münster.

Das Musizieren fordert und fördert das Miteinander-Schaffen, das Voneinander-Lernen, das Aufeinander-Zugehen, das Füreinander-da-Sein in der gemeinsamen Verantwortung für das Gelingen des Ganzen. Die fundamentalen sozialen Bezüge sind Merkmale und Bedingungen einer lebendigen häuslichen und gesellschaftlichen Gemeinschaft. Gemeinsames Musizieren, aber auch Singen kann helfen, sowohl einen Gemeinschaftssinn unter den Kindern zu fördern als auch ein eigenes Selbstwertgefühl zu entwickeln. Dies sind Basisfähigkeiten, die das soziale Miteinander gewinnbringend bereichern und positiv befruchten. Jeder Einzelne spielt seine Noten, seinen Teil vom Stück, doch nur wenn alle zusammen spielen, sich aufeinander einlassen, wird das Lied zur Einheit. Der Umgang mit Musik öffnet die Tür zum persönlichen Erfolgserlebnis und zum sozialen Miteinander.

Dieses soziale Miteinander kann bereits in Krippe und Kindergarten angelegt werden und sollte daher auch bei Ihnen einen wichtigen Stellenwert einnehmen. Gerade beim Singen, Musizieren und Tanzen ist es wichtig, mit den anderen gut auszukommen, sich auf sie einzulassen, sodass Fähigkeiten wie Rücksichtnahme, Akzeptanz, Anpassung, Geduld und Orientierung an Grenzen und Regeln im Raum spielerisch geübt werden. Auch hier geht es also um ein Miteinander-Schaffen, Voneinander-Lernen, Aufeinander-Zugehen und Füreinander-da-Sein.

Oft sind Musik und Gesang Ausdrucksformen, die mehr und anders sind als Sprache. Durch das Musizieren oder Singen kann ein Kind ausdrücken, was in ihm vorgeht oder wie es sich fühlt. So kann Musik und Gesang über eine Wirklichkeit informieren, die ohne sie verborgen bliebe und bleibt. Musik setzt etwas in Gang: Sie begeistert, inspiriert, macht glücklich oder traurig. Bewegung macht Musik lebendig, begreifbar und spürbar. Über die Bewegung erleben Kinder den Rhythmus, die Dynamik und das Tempo eines Liedes. Musik weckt Sehnsüchte, hält Erinnerungen an schöne oder traurige Momente wach und erfasst somit immer den ganzen Menschen.

Jeder von uns ist doch bestimmt schon einmal von einer Melodie oder einem Musikstück berührt worden, beispielsweise eine Filmmelodie oder ein Musikstück bei einem sportlichen Großereignis. In solchen Momenten spüren wir die innere Ergriffenheit. Das Herz (und oft auch die Augen) scheinen überzulaufen und eine Gänsehaut überzieht unseren Körper. Glückseligkeit oder Schauer des Entzückens durchrieseln den Körper, eine bizarre Filmmusik treibt uns den Angstschweiß in den Nacken oder löst ein schaurig schönes Gruseln aus. Auf der anderen Seite können wir bei manch anderer Musik kaum still sitzen, spüren wie die Füße den Takt aufnehmen, indem sie anfangen zu tippen oder wie die Finger zu schnipsen beginnen. Ohne diese Bewegungselemente ist das Eintauchen in Musik fast nicht möglich.

Auch Kinder haben diesen inneren Drang, einen Rhythmus aufzunehmen oder ihm nachzugehen, sich einer Melodie völlig hinzugeben. So erlebte ich häufig schon bei unseren ganz kleinen Kindern im Kindergarten, wie sie bei einem rhythmischen Lied spontan aufsprangen und aus bloßer Freude zu hüpfen begannen oder die Hände rhythmisch ineinander schlugen.

> Wie sind Ihre Erfahrungen mit Musik im Kindergarten? Haben Sie schon einmal Kinder nach einem klassischen Musikstück malen lassen? Oder haben Sie Kinder schon einmal verschiedene Rhythmen im Bewegungsraum erleben lassen? Und wenn ja, was fiel Ihnen dabei auf? Und wenn nein, warum nicht? Überlegen Sie einmal, wie oft Sie im Alltag mit den Kindern musizieren? Benutzen Sie dafür Instrumente? Oder spielen Sie vielleicht sogar selbst ein Instrument? Und wenn nein, warum nicht?

8.2 Lieder begleiten Kinder in ihrer Entwicklung

Jeder von uns hält ein Repertoire an Kinderliedern tief in sich abgespeichert bereit. Sie wurden abgelegt durch ein positives Erleben in der eigenen Kindheit und wurden gefestigt durch ständiges Wiederholen. Sie sind uns lieb geworden, da sie uns an schöne emotionale Momente unserer Kindheit erinnern. Viele kennen noch *Fuchs du hast die Gans gestohlen* oder Wie *schön, dass du geboren bist*. Auch Weihnachts-, Geburtstags-, oder Einschlaflieder hat jeder von uns in seiner Kindheitserinnerung abgespeichert. Diese Lieder fallen uns auch dann als Erstes ein, wenn wir den Kleinkindern in unserer Gruppe etwas vorsingen wollen. Automatisiert holen wir diese Lieder aus dem Gedächtnis hervor und singen sie einfach. Oft waren solche Lieder Ausdruck von Freude und Zufriedenheit oder heilende und trostbringende Wohltat oder schlichtweg Ritual eines immer wiederkehrenden Ereignisses.

Solche Lieder schenken Geborgenheit und geben den Kindern ein vertrautes Gefühl. Um die therapeutische Wirkung von Musik und Gesang wissen heute viele Menschen. Wer singt, atmet tief durch, wird ruhig und frei und spürt sogar, wie sich beim Singen und Musizieren und der oft damit verbundenen Bewegung körperliches oder seelisches Unwohlsein in Luft auflöst.

Für Kinder ist Singen Balsam für die Seele. Es tut gut und wirkt beruhigend, wenn es als Ritual zur immer gleichen Zeit, beispielsweise am Mittag in der Krippe, damit man gut einschläft, als Heil bringendes Trostpflaster oder Hoffnungsspender an einem regnerischem Tag eingesetzt wird. Aus diesem Grund singen oder summen kleine wie große Kinder beim Malen, Spielen oder gar bei der Erfüllung einer Aufgabe gern vor sich hin. Es macht einfach mehr Spaß, beruhigt und erzeugt zudem ein gutes Gefühl. Kinder speichern dieses Wohlfühlgefühl ab, verinnerlichen es und verbinden auch im späteren Leben mit Liedern eine wohltuende Erfahrung.

Singen setzt im Gehirn ein Glückshormon frei. Das ist ein Grund, warum wir so viele Menschen kennen, die in Chören mitsingen und neben dem Gemeinschaftssinn auch die befreiende und wohltuende Wirkung schätzen. Singen verbreitet eine positive und lebensbejahende Atmosphäre und fördert dabei die Sprachentwicklung unserer Kinder.

Leider wird in unseren Kindergärten in der Regel zu wenig gesungen und musiziert. Häufig erlebe ich, dass Erzieherinnen dies nicht so wichtig finden und mehr Wert auf kognitive Förderung legen. Dabei ist musische Förderung auch kognitive Förderung: Sprach-, Bewegungs- sowie Persönlichkeitsförderung. Leider wird in den Kitas zunehmend auf altes Liedgut wie z. B. *Der Kuckuck und der Esel*, *Es klappert die Mühle am rauschenden Bach* usw. verzichtet, da Jahr für Jahr immer neue Kinderlieder den Markt erobern und die alten Klassiker verdrängen. Dabei haben gerade diese alten Volks- und Kinderlieder einen großen Wert. Zum einem zeichnen sie sich durch eine meist einfache, eingängige Melodie und klaren Text aus und zum anderen eröffnen sie die Chance, das jeder, Mutter, Oma, Opa, Tante usw., sie kennt und mit dem Kind mitsingen kann. Was häufig bei den modernen Liedern, die eher an Popsongs erinnern als an Kinderlieder, nicht der Fall ist. Ich möchte hier nicht alle neuen Kinderlieder verdammen, aber wie so oft ist auch in diesem Bereich eine gute Balance aus alt und neu sinnvoll und richtig.

> Welche Lieder singen Sie gern mit den Kindern? Welche werden in Ihrer Kita oder Krippe hauptsächlich gesungen? Kennen Sie noch alte Volks- und Kinderlieder? Und wenn ja, welche nutzen Sie? Und wenn nein, warum nicht?

8.3 Musik – Sprache – Bewegung: Die untrennbare Trias

Kinder können mit Musik wesentlich komplexer gefördert werden als durch rein sprachliche Förderung. Wenn Sie Sprache musikalisch, in Finger- und Bewegungsspiele, in rhythmische Einheiten, Lieder und Reime verpacken und mit einem motorischen Erleben verbinden (Kniereiter, Kindertänze, Spiellieder), kommt es zur Verschmelzung von Sprache und Musik, von Gesang und Bewegung. So kommt es durch Hilfe der Bewegung dazu, dass die Kinder die Texte und Melodien viel schneller lernen, das Gelernte im Gehirn abspeichern und zu gegebener Zeit wieder darauf zurückgreifen können.

Musik – Sprache – Bewegung sind also drei Elemente, die fest miteinander verbunden sind. Sie sollten Kinder im Alltag immer ganzheitlich fördern. Dabei haben Bewegung und Musik eine Verbindung, denn ohne motorische Abläufe wären Gesang, Tanz und das Spielen von Instrumenten nicht möglich.

Der taktil-kinästhetische Sinn gehört zu den wichtigsten Sinnen der Wahrnehmungsebenen und auch Bewegung und Sprache sind nicht losgelöst voneinander zu betrachten. Es wäre weder Schreiben noch Sprechen möglich, denn ohne Hand- und Mundmotorik würden keine Buchstaben geschrieben und keine Laute gebildet werden können. Die Verbindung von Sprache und Musik wird beim Singen sichtbar. Ohne die Sprache könnten wir keine Lieder und keine Melodie singen. Dem Rhythmus kommt dabei auch eine wesentliche Bedeutung zu, denn er bildet den Mittelpunkt, die Basis dieser drei Elemente. Ohne Sprachrhythmus wäre keine verbale Kommunikation und ohne Bewegungsrhythmus keine harmonische Fortbewegung möglich.

Musik kann nur durch Selbsterfahrung und nicht über Begriffe und Regeln gelernt werden. Je jünger die Kinder sind, desto stärker erleben sie Musik körperlich, über Bewegung und aktives Ausprobieren. Mithilfe von Musik kann das Kind sich selbst ausprobieren, lernt seine Vorlieben und Fähigkeiten kennen. Und das immer im Kontext zu den anderen Kindern und Mitspielern. Es stehen ganzkörperliche Erfahrungen im Vordergrund.

Dies wird umso deutlicher, wenn wir uns vor Augen führen, dass Kinder den ersten Zugang zur Musik eben auch über ihren eigenen Körper erfahren und erleben. Noch bevor ein Baby oder Kleinkind zu Gegenständen greift, um Geräusche bzw. Klänge zu erzeugen, kreiert es mit dem eigenen Körper Töne: Sie schnalzen mit der Zunge, lallen, brabbeln, quietschen vor Vergnügen, klatschen mit den Händen auf den Bauch, patschen mit den Füßen oder Händen auf Untergründe und sammeln so vielfältige auditive

Eindrücke. Wir Erwachsene greifen dann wie selbstverständlich die ersten lustvollen Versuche der Krippenkinder auf, indem wir darauf reagieren und mitmachen. Wir denken uns selbst neue Variationen aus, um auf die ersten musikalischen Versuche der Allerkleinsten zu reagieren.

Sicher kennen auch Sie jene sinnlosen, jedoch lustvollen Aneinanderreihungen von Silben und Tönen, wie das »babibababibu«, welche den Säugling stimulieren und seine Lall-Tätigkeit anregen sollen.

Indem die Babys und Kleinkinder ihre Welt erforschen und Gegenstände berühren, in Bewegung setzen, fallen lassen oder anstoßen, entdecken sie Geräusche und Klänge. Daher baumeln auch über Wiegen, Laufställen oder Kinderwagen kleine Holzobjekte oder Klangkörper, die durch die oft unkontrollierten, jedoch effektiven Bewegungen der Kleinkinder zum Musizieren gebracht werden. Die Kleinkinder erforschen so bewusst und unbewusst nicht nur akustische, sondern auch sensomotorische Möglichkeiten des Gegenstandes und machen ihre ersten einprägsamen Erfahrungen. Neben dem Geräusch erfährt der Säugling bzw. das Kleinkind auch Eindrücke über die Beschaffenheit des Materials und dessen Klangeigenschaft. Denn alles wird angefasst, untersucht und in die Hände oder in den Mund genommen und auf Qualität und Eigenschaft geprüft. Das kann man auch noch im Kindergarten erleben, wenn die Dreijährigen erstmalig mit afrikanischen Klanginstrumenten wie z. B. dem *Regenmacher* in Berührung kommen und diese nicht nur spontan auf Klangeigenschaft hin überprüfen, sondern auch eine *Geschmacksprobe* des unbekannten Objektes vornehmen, um das neue Instrument mit allen Sinnen zu erforschen.

Welche Klangkörper und Materialien halten Sie in Ihrer Gruppe zur Erkundung von Tönen und Klängen bereit? Auf welche Musikinstrumente können die Kinder selbstständig zurückgreifen und damit experimentieren? Wann ist bei Ihnen in der Gruppe *Musikzeit*? Gehen Sie mit den Kindern regelmäßig auf Ton- und Klangsuche? Oder haben Sie schon einmal mit den Kindern eine Geschichte verklanglicht und diese aufgenommen, sodass die Kinder im Nachhinein ihr eigenes Hörspiel anhören und nachempfinden konnten? Welche Möglichkeiten fallen Ihnen für eine klangvolle Lernumgebung noch ein? Erstellen Sie eine Ideenliste.

Als Erzieherin sollten Sie die Neugierde und Experimentierfreude der Kinder nutzen, um sie in die Welt der Töne und Klänge, Rhythmik und Musik einzuführen. Sie müssen die Kinder bestärken, indem Sie ihnen Material zum Experimentieren zur Verfügung stellen, um Töne und Klänge zu erzeugen oder Lieder und Tänze zu erfinden. Bereits bei den Krippenkindern haben Sie gute Möglichkeiten, das musikalische Handeln der Kinder zu unterstützen, indem Sie ihnen verschiedenste Dinge zur Verfügung stellen und gleichsam Ihrer eigenen Fantasie keine Grenzen setzen. Zur Klangerzeugung eignen sich z. B.: Rasseln, gefüllte Plastikflaschen, Schachteln oder Dosen mit Steinchen, Perlen, Erbsen oder Reis, aber auch Schlüsselbunde, Plastikgeschirr und andere Küchenutensilien. Natürlich müssen Sie in diesem Zusammenhang immer das Entwicklungsalter Ihrer Kinder berücksichtigen und auch entsprechend darauf eingehen. Auch müssen Sie auf mögliche Gefahren achten, z. B. auf das Verschlucken von Kleinstteilen. So ist es ratsam, die gefüllten Dosen oder Plastikflaschen immer am Verschluss zu verkleben.

Neben diesen ersten Klangerfahrungen sollten Sie sehr viel mit den Kindern singen. Schon Babys und Kleinkinder lieben es, wenn ihnen vorgesungen wird. Bereits der ungeborene Säugling kann Sprechrhythmen und Klänge im Mutterleib unterscheiden. Dabei kommt es immer auf die Freude am Singen an und nicht auf den Anspruch des Textes oder die Vielfalt der Lieder. Legen Sie also keinen Perfektionismus an den Tag, auch schiefe Töne sind erlaubt.

Auch Kniereiterverse wie »Hoppe, hoppe Reiter, wenn er fällt dann schreit er« oder das allseits bekannte »Backe, backe Kuchen« sind lustvolle Grunderfahrungen, die dem Kind auch gleichsam Verse und Reime näherbringen. Solche Lieder erfüllen gerade bei Kleinstkindern ihren Zweck und motivieren zum Mitmachen, da das Kind im Singen bzw. Vorsingen einen Rhythmus erkennt, der vom eigenen Köper aufgenommen und in rhythmische Bewegungen umgesetzt werden kann.

Zu guter Letzt wieder ein Appell: Bitte begeistern Sie die Eltern zum Mitsingen! Leider habe ich in der Vergangenheit zu häufig erlebt, dass der Gesang, trotz seiner positiven Wirkung, in den Familien nicht mehr den Stellenwert hat, der ihm eigentlich zustehen sollte. Viele Eltern schenken dem Singen, im Gegensatz zur musikalischen Frühbildung, immer weniger Beachtung.

Es kennen sich viele Kindergartenkinder bereits bestens in den Top 10 unserer Charts aus und trällern englischsprachige Wortkreationen sinnlos aneinandergereiht vor sich hin. Die Begegnung mit der Musik verliert so jedoch ihre aktive Seite, da sie nur von CDs oder anderen Medien konsumiert wird und Eltern nicht mehr selbst mit ihren Kindern singen. In unserer oft künstlichen, konsumorientierten Welt brauchen Kinder aber gerade die Möglichkeit, auf spielerische, schöpferische Weise Gesang als Teil ihrer selbst zu erleben. Mama oder Papa singen zu hören, ist eine beeindruckende Erfahrung, vor allem dann, wenn das Kind verstehen kann, *was* gesungen wird und dadurch den Sinn und Inhalt des Liedes auch versteht.

Also, beziehen Sie bitte die Eltern so früh wie möglich in Sing- und Spielkreise, musikalische Workshops oder Klangreisen mit ein. Gerade über die Krippenkinder haben Sie noch einen guten Zugang zu den Eltern und können Sie leicht für das Mit- und Vorsingen begeistern. Kniereiter, Neckspiele, Krabbelreime, Wiegelieder zu singen oder mit dem eigenem Kind auf dem Arm sich tänzerisch durch den Raum zu bewegen, sind einfache, aber lustvolle Möglichkeiten, die Eltern konkret mit einzubinden.

Zum Weiterlesen

Beck-Neckermann, J. (2002): Das Handbuch der musikalischen Früherziehung. Freiburg

Biermann, I. / Wrede, A. (2006): Musikalische Förderung für Kleinkinder: Ideen für Krippe, Kita und Tagesmütter. Freiburg

Dal Lago, G. (2009): Hopp, hopp, hopp, Pferdchen lauf Galopp. Würzburg

Gmeiner, P. / Häusler, U. (1999): Ein bunter, bunter Regenbogen. Rhythmische Spieleinheiten für alle Jahreszeiten. Freiburg

Gulden, E. / Scheer, B. (2011): Der kleine freche Tintenklecks. Freiburg

Günster-Schöning, U. / Hüser, C. (2010): Apropos Sprache. Bewegungslieder zum Thema Sprachförderung. Meppen

Günster-Schöning, U. / Hüser, C. (2011): Zahlenkinder, Bewegungslieder zum Thema Mathematik. Meppen

Hüser, C. (2006): Erwin und die kleine Maus. Meppen

Hüser, C. (2007): Sommer. Meppen

Hüser, C. (2009): Fit wie ein Turnschuh. Meppen

Hüser, C. (2011): Seeräuber Jim, ein Kindermusical. Meppen

Jaberg, C. (2009): Winzig klein und riesengroß: Mitmachgeschichten für kleine Kinder. Freiburg

Vahle, F. / Zimmer, R. (2010): Ping, Pong, Pinguin: Spiel- und Bewegungslieder. Freiburg

Zimmer, R. / Vahle, F. (2005): Kinder-Körper-Sprache. Freiburg

DER WICKELTISCH ALS ERSTER LERNORT

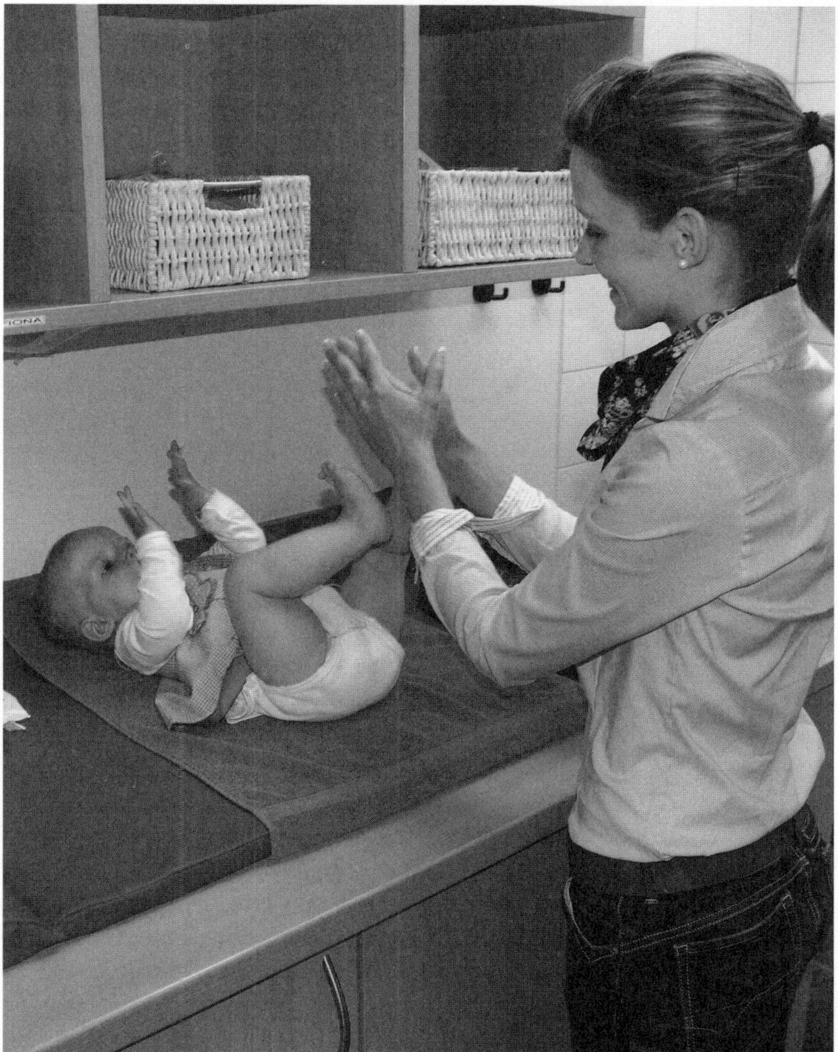

9. Der Wickeltisch als erster Lernort

Mein letztes Kapitel ist speziell für all jene gedacht, die als Erzieherin in einer Kinderkrippe / altersgemischten Regelgruppe arbeiten oder vor dem Berufsbeginn dort stehen. Es thematisiert ein alltägliches Ritual, das Wickeln, welches allerdings leider häufig zu wenig beachtet wird.

Berührt, gestreichelt und massiert zu werden, das ist Nahrung für das Kind. Nahrung, die genauso wichtig ist, wie Mineralien, Vitamine und Proteine. Nahrung, die Liebe ist. Wenn ein Kind sie entbehren muss, will es lieber sterben. Und nicht selten stirbt es wirklich.

Frederick Leboyer

Die menschliche Haut ist das größte Organ des Körpers und besteht aus der Dermis, der Epidermis und einer subkutanen Fettschicht. Die Haut eines gesunden erwachsenen Mannes wiegt je nach seiner Größe zwischen zehn und fünfzehn Kilo (genauso viel wie ein kleines Kind) und fasst eine Fläche von ca. zwei Quadratkilometern. Die Haut einer Frau dagegen wiegt etwas weniger. Auch ihre Fläche ist kleiner. An der Haut kann der innere Zustand des Menschen abgelesen werden, der Volksmund spricht auch von der Haut als der *zweiten Seele* des Menschen. Unsere Sinnessysteme wie Nase, Ohren, Augen sind auf einem kleinen Bereich des Körpers zu finden, die Haut dagegen bedeckt seine gesamte Oberfläche. Körperkontakt geschieht mittels Millionen von Druck-, Temperatur- und Schmerzrezeptoren, die den Körper in unterschiedlicher Dichte – mit einer Konzentration in den Fingerspitzen, den Lippen und der Zunge – umspannen. Unsere Augen können wir schließen, die Ohren und Nase zuhalten, aber die Haut, ja, die fühlt immer! Die taktile Wahrnehmung ist daher ständig vorhanden, d. h. wir nehmen dauernd Informationen über die Haut auf (z. B. Berührung durch Kleidung, Personen oder Luft). Selbst im Schlaf reagieren wir auf Informationen der Haut, indem wir uns bei Überhitzung einer Körperstelle umdrehen, uns bei kalter Zugluft zudecken oder uns bei Druckschmerz oder Verspannung umbetten. Und selbst eine kleine Fliege verscheuchen wir genervt, da das Kribbeln auf der Haut unseren Schlaf stört.

Die Entwicklung unserer Haut hält ein ganzes Leben lang an. Alte Zellen werden permanent abgestoßen und durch neue ersetzt. Auch die Beschaffenheit der Haut vermittelt Informationen über den Menschen (z. B. durch die Pigmentierung, Falten, Narben, Elastizität; Grob- oder Feinporigkeit usw.). So stellt die Haut die *Membran* zwischen Innen und Außen dar, mittels der wir unentwegt mit unserer Umwelt Kontakt aufnehmen oder versuchen es zu vermeiden. Die Haut umschließt den Menschen wie eine Schutzhülle. Über die Haut nehmen wir Berührungen wahr und erfühlen die unterschiedliche Beschaffenheit von Materialien und Gegenständen (warm – kalt, hart – weich, rau – glatt etc.).Wie kein anderes Organ nimmt unsere Haut die differenziertesten Signale auf, leitet sie weiter und antwortet mit erstaunlich vielfältigen Reaktionen, wie dem Aufstellen kleinster Härchen (Gänsehaut), Blässe oder Röte.

Schon für den Säugling ist die Haut ein wichtiges Kommunikationsorgan, über das er Kontakt mit der Umwelt hält. Durch die Art, wie er gehalten wird, nimmt er wahr, wie die Person, die ihn in den Arm nimmt, ihm gegenüber eingestellt ist. Der Tastsinn wird daher die *Mutter der Sinne* genannt. Durch Erfahrungen und Erlebnisse lernt das Kind zwischen verschiedenen Berührungen zu unterscheiden: »War das gerade angenehm oder unangenehm?«, »Das kitzelt am Bauch!«, »Aua, das tut weh.« Das sind wichtige Erfahrungen, die zur Bildung eines guten Körperbewusstseins nötig sind. So ist das Wickeln nicht nur Körperpflege und Erfahrungsgrundlage für das Körperbewusstsein, sondern bietet darüber hinaus auch Möglichkeiten zur Sprachförderung durch *Wickel- und Lächeldialoge*, stimuliert den Bewegungs- und Gleichgewichtssinn und bietet Möglichkeiten für Sinnesanlässe und Ganzkörperbeobachtungen.

9.1 Wickelzeit ist Streichelzeit

Wenn Sie ein Kind wickeln, wird es von Ihnen während des gesamten Vorgangs permanent berührt. Hierbei sollte Ihnen wichtig sein, dass es zu keinen hektischen, schnellen und zu routinierten Berührungen kommt, da diese, als nicht angenehm abgespeichert, dazu führen, dass sich das Kind in der Zukunft von Ihnen nicht gern wickeln lässt. Daher sollten Sie sich um sanfte, liebevolle Berührungen bemühen. Sie sollten lernen zu erkennen, wann eine festere oder eine sanftere Berührung nötig ist. Festere Berührungen dienen dazu, dem Kind das Gefühl der Sicherheit und des Vertrauens zu vermitteln – sanfte Berührungen, um Wertschätzung und Zärtlichkeit zu vermitteln.

Durch das Angefasst- und Liebkostwerden entstehen ganzheitliche Entwicklungsanregungen, die für das junge Kind sehr wichtig sind. »Etwas berühren und berührt werden, sind wichtige Vorgänge für das Kleinkind und zwar für das gesamte Leben.«[1] Jeder Erwachsene, der schon einmal

1 Jean Ayers, A. (1992): Bausteine der kindlichen Entwicklung. S. 87, Hamburg.

ein Kind gewickelt hat, kennt daher die sogenannten *Kitzelspiele*, die ganz automatisch und ungezwungen entstehen. Jede Mutter, jeder Vater und natürlich auch jede Erzieherin freut sich über ein lachendes, vor Freude quietschendes Kind. Auf die Haut pusten oder mit einem dicken weichen Pinsel berührt zu werden, macht den Kindern ebenso viel Spaß und fördert wie nebenbei die Wahrnehmung. Auch das Eincremen und Pflegen ist Wahrnehmungsförderung am ganzen Körper. Häufig kann man beobachten, dass die Kinder dabei ihre Augen schließen, um die sanften Berührungen zu genießen und um sich darauf zu konzentrieren. Die Haut kann dabei durch ganz zarte Berührungen wie Streicheln, Streifen, Tätscheln, aber auch Schmusen, Kuscheln, Massieren, Kneten und Kitzeln stimuliert werden, weil das heranwachsende Kind neben einer ausreichenden Versorgung mit Nahrung, Sicherheit, Wärme und Geborgenheit auch liebevolle *Hautnahrung* für eine gesunde und positive Entwicklung benötigt.

Da die Kinder immer jünger in unsere Kitas bzw. Krippen kommen, kommt dieser *sinnlichen Kost* eine extrem große Bedeutung zu. Umfangreiche interdisziplinäre Forscher der letzten 100 Jahre (Hamnett, Spitz, Balint, Freud, Ayers u. a.) haben sich mit der *Hautgrundernährung* beschäftigt. Was man zuerst bei Ratten und Primaten feststellte, bestätigte sich auch für den Menschen: Die Berührung der Haut spielt eine herausragende Rolle für das Wachstum und Gedeihen des Kindes.

9.2 Wahrnehmungsförderung auf dem Wickeltisch

Auf den Anfang kommt es an, denn alles ist Lernen. So können Sie auch schon die Wickelsituation für Lernanlässe und als Erfahrungsraum nutzen. Zur Wahrnehmungsförderung gibt es verschiedenste Möglichkeiten. Zum Beispiel können Sie die Beschaffenheit der Wickelunterlage variieren: glatte Kunststoffoberfläche, leicht raue Wickeltücher als Unterlage oder ein kuscheliges, vorgewärmtes Handtuch. Marabufedern oder unterschiedliche Bürstchen und weiche Pinsel bieten sich ebenfalls für eine wahrnehmungsfördernde Streicheleinheit an. Damit die Kinder diese Berührungen als angenehm empfinden, sollten Sie wichtige Regeln einhalten:

1. Die Grenzen des Kindes müssen immer bewahrt werden, d. h. wenn das Kind nicht berührt und gestreichelt werden will, ist dies zu akzeptieren. Achten Sie auf die Signale der Kinder!

2. Um eine vertrauensvolle, wahrnehmungsfördernde Atmosphäre zu schaffen, muss vorab eine vertrauensvolle Beziehung hergestellt werden.
3. Das Kind muss durch die alltägliche Wiederholung die Berührung in der Wickelsituation kennenlernen. Fremde, schnelle Berührungen könnten das Kind eher erschrecken. Das Kind muss die Möglichkeit haben, sich auf die Berührungen einzustellen, daher sollten Sie als Erzieherin dem Kind immer vorher sagen, was sie machen werden.

> Haben Sie schon einmal ein Kind gewickelt? Wie ging es Ihnen dabei? Hat Ihnen die Pflege des Kindes Freude bereitet? Oder war es eher eine lästige Pflicht? Haben Sie schon Haut- und Berührungserfahrungen über das normale Wickeln hinaus mit dem Kind sammeln können? Haben Sie sich schon einmal getraut, ein Baby oder Kleinkind zu massieren? Diskutieren Sie doch bitte mit Ihrer Leitung und den Kollegen aus Ihrem Team, inwieweit Sie solche Haut- und Berührungsspiele zulassen können und wollen.

Auf dem Wickeltisch hat das Kind optimale Möglichkeiten durch eigene, aktive Berührungen seine Umwelt und seinen Körper zu erkunden. Ohne störende Kleidung und Windel ist es z. B. viel einfacher seinen Fuß in den Mund zu nehmen. Wie fühlt sich die Windel, die Creme oder der Waschlappen an? Wie schmeckt meine Hand / mein Fuß? Gehört dieses Körperteil zu mir? Das sind Beispiele für Fragen, die ein kleines Kind sich während des Wickelns stellen könnte. Da wir diese nur erahnen können, bleibt uns nur die Beobachtung des kleines Gesichts und Körpers, wie er auf unsere Berührungen reagiert. Jedes Kind fühlt, erkundet und wiederholt bekannte Abläufe beim Wickeln, es lernt sozusagen mit dem Mund und den Händen zu *sehen*.

Der Bewegungssinn wird auch als »kinästhetische Wahrnehmung« bezeichnet. Er umfasst die Empfindung von Bewegungen des eigenen Körpers oder einzelner Körperteile im Zusammenspiel und die dabei auftretenden Kraftleistungen. Die Bewegungswahrnehmung erfolgt über Muskeln, Sehnen und Gelenke. Über die sogenannten Propriozeptoren (lateinisch »proprius«, der Eigene) werden dem Gehirn Informationen über die Muskelspannung und die Stellung der Gelenke zum Körper vermittelt."[2]

---

2 Zimmer, R. (2005): Handbuch der Sinneswahrnehmung: Grundlagen einer ganzheitlichen Bildung und Erziehung. S. 10, Freiburg.

Diesen Bewegungssinn kann das Kind nur entwickeln, indem es sich bewegt. Diese Entwicklung sollten Sie als Erzieherin fördern, indem sie alle aktiven Bewegungen des Kindes zulassen und unterstützen, das Kind immer wieder aufs Neue ermutigen und passive Bewegungen, wo es möglich ist, reduzieren.

Die allerersten Kontaktformen, die ein Säugling hat, wenn er auf die Welt kommt, liegen im Bereich der Bewegung und Wahrnehmung. Bewegung ist der Schlüssel zur Welt.[3]

Die aktive Entwicklungsförderung geschieht schon allein dadurch, dass Sie sich beim Wickeln den Bewegungen des Kindes anpassen und sich auf das Kind einlassen. Ein Kind muss daher beim Wickeln nicht unbedingt stramm auf dem Rücken liegen. Viel wichtiger ist es, das Kind altersentsprechend aufzufordern, aktiv mitzuhelfen, z. B. den Popo hochheben, zum Anziehen die Beine ausstrecken oder die Arme anheben, mit dem Kopf hindurchschlüpfen oder etwas festzuhalten. All dieses fördert die Bewegungsfähigkeit des Kindes. Achten Sie auch darauf, dass das Kind ab einem bestimmten Entwicklungsalter (ca. eineinhalb Jahre) anfängt, allein das Treppchen zum Wickeltisch hochzuklettern. Dies muss geübt und gelernt werden. Aber es ermöglicht dem Kind mehr Autonomie. Neben diesem Schritt in Richtung Selbstständigkeit fördern auch die vielen kleinen Bewegungsspiele, Liedchen oder Verse das Miteinander beim Wickeln. Das macht nicht nur Spaß, sondern fördert auch die Entwicklung und die Freude an den selbstständigen Bewegungen. Eine andere gute Möglichkeit, um Kinder in ihrer Bewegungsentwicklung zu unterstützen, ist das *Handling* (d. h. sanfte Handgriffe beim Wickeln nach Karel Bobath).

Das Organ für den Gleichgewichtssinn befindet sich im Innenohr, gleich neben dem eigentlichen Hörorgan, der sogenannten Schnecke. Da das Gleichgewichtsorgan dort in einer Art Vorhof (lateinisch »vestibulum«) liegt, wird es auch als Vestibularapparat bezeichnet. Dieser Apparat besteht aus drei großen senkrecht zueinander angeordneten Röhren, den sogenannten Bogengängen, sowie aus den benachbarten Körperhöhlen. Die Röhren und Kammern sind miteinander verbunden und werden auch als »Labyrinth« bezeichnet. Da wir zwei Ohren haben, befindet sich dieses Vestibularsystem verständlicherweise symmetrisch auf beiden Seiten des Kopfes jeweils im

3 Martzy, F.: Kleinstkinder in Kita und Tagespflege, Bewegung als Motor des Lernens und der Entwicklung. S. 7, Ausgabe 06/2010.

Innenohr. Die Entwicklung des Gleichgewichtssinns ermöglicht dem Kind Bewegungen wahrzunehmen. Es ist dadurch in der Lage, Beschleunigungen und Richtungs- und Drehbewegungen bzw. Haltungs- und Lageveränderungen des Körpers wahrzunehmen und darauf entsprechend zu reagieren.[4]

Um Entwicklung des Gleichgewichtssinns zu fördern, ist es nötig, dass das Kind viele Möglichkeiten bekommt, verschiedene Körperlagen einzunehmen. Der Wickeltisch bietet sich auch in diesem Bereich als Lernort an. Bei älteren Kindern sind diese Möglichkeiten im Alltag gegeben, wie z. B. durch Schaukeln und Rutschen, die Wippe, das Schaukelpferd oder das Treppensteigen. Grundsätzlich gilt: Je jünger das Kind, umso länger benötigt es, um sich an Lageveränderungen zu gewöhnen. Folglich müssen Sie beim Wickeln auf langsame und gleichmäßige Bewegungen achten. Wie eng die Stimulierung der Haut und des Gleichgewichtssinns jedoch tatsächlich mit der Bildung von Gehirnfunktionen, zu denen auch das Ich-Gefühl gehört, zusammenhängen, wird zurzeit auf neurophysiologischer Ebene erforscht. Wir wissen aber inzwischen, dass Verbindungen im Gehirn und zwischen den Nervenbahnen sich nach der Geburt unter dem Einfluss neuer Sinneswahrnehmungen bilden. Die allerersten Wahrnehmungen sind taktiler und vestibulärer Art. Sie sind daher von grundlegender Bedeutung für die Entwicklung aller anderen Sinne, der Nerven und des Gehirns, und damit auch dessen, was als unser *Ich* beschrieben wird.

Meistens wird beim Wickeln der Kinder auf einer Körperlage, hauptsächlich die Rückenlage, bestanden. Wobei es viele Alternativen gibt. Ältere Kind können beispielsweise auch gut im Stehen gewickelt werden. Das Kind dreht sich dazu mit dem Gesicht zur Wand, stützt sich mit den Händen an der Wand ab und hebt auf Bitten der Erzieherin die Beine entsprechend an, damit diese den Po gut reinigen kann. Auch die neue Windel kann so schnell und sicher angelegt werden. Das Anziehen kann dann in dieser Körperhaltung zur Gleichgewichtsübung werden, indem jeweils ein Bein zum Anziehen hochgehoben werden muss. Für viele Kleinstkinder eine schwierige Aufgabe. Daher gilt auch hier: Je mehr das Kind aktiv am Wickelgeschehen teilnehmen darf, desto größer ist der Lerneffekt. Diese aktive Teilnahme von Säuglingen kann wieder durch das Handling unterstützt werden. Ferner gibt es bei kleineren Kindern auch noch andere Möglichkeiten, um den Gleichgewichtssinns zu fördern, z. B. können Babys das eine oder andere Mal in Bauchlage gewickelt werden. Das Hochziehen

---

4 Sandhaus, M (2011): Kleinstkinder in Kita und Tagespflege. Themenheft: Sinnliche Wahrnehmung; S. 24; Freiburg.

des Säuglings an den Fingern der Erzieherin ist ebenfalls eine gute Übung. Wichtig ist hier jedoch, die selbstständige Kopfkontrolle des Säuglings. Denn »zunächst stellt für den Säugling schon die geringste Lageveränderung eine Gleichgewichtsaufgabe dar, die er lange übt, bevor er sich in die nächste Position wagt.«[5]

9.3 »Ich bin« – Körperbewusstsein entwickelt sich

Durch die ersten Erfahrungen über die Sinnessysteme und über seinen Körper macht das Kind auch gleichsam die ersten Erfahrungen über die eigene Existenz. Es lernt zwischen dem eigenen Körper und den Dingen, die es umgeben, zu unterscheiden. Die Erfahrungen, die das Kind in den ersten Lebenswochen und Monaten macht, führen zur Entwicklungsstufe des *Selbst* oder auch *Körper-Selbst*. Das Kind lernt seinen Körper, seine Stimme, seine Körpergrenzen und seine Lage im Raum (auch auf dem Wickeltisch) kennen. Dieses *Körper-Selbst* bildet die Basis für das Bewusstsein der eigenen Person. Durch die Wahrnehmung des Körpers ist dem Säugling und Kleinstkind die Unterscheidung von Ich und Umwelt möglich. Der Körper ist so das Bindeglied zwischen dem Selbst und der Umwelt, er vermittelt zwischen Innenwelt und Außenwelt. Das Kind wird zum Subjekt und Objekt der eigenen sinnlichen Wahrnehmung. Diese Wahrnehmung bleibt das ganze Leben von Bedeutung, ist jedoch in den ersten Lebensjahren am wichtigsten, wenn durch Sinnesreize die Entwicklung des Gehirns unterstützt wird und das Kind sich ein Bild über die Welt und sich selbst in ihr macht.

Das Körperbewusstsein setzt sich aus folgenden Faktoren zusammen:

- *Die Körperimago* beschreibt die Summe aller auf den Körper bezogenen Empfindungen. Wie fühlt sich etwas an? Wie fühle ich den Körper? Alle Erfahrungen, die das Kind mit und an seinem Körper macht. Auch die Erfahrungen, wie andere Menschen über ihn reden und mit ihm umgehen, prägen die *Imago* (lateinisch = Bild) vom eigenen Körper.
- *Das Körperschema* umfasst die Kenntnis bzw. das Bewusstsein über die Handlungsmöglichkeiten und Kompetenzen des eigenen Körpers. »Der Begriff meint das innere Planen sowie das willentliche und unwillkürliche

5 Ebd.

Ausführen von Bewegungen.«[6] Das Gehirn erhält durch Verknüpfen und Verarbeiten von Sinneseindrücken ein Bild des Körpers. Es entsteht eine Art Landkarte des eigenen Körpers. Je genauer die Landkarte bzw. das Körperschema ausgeprägt ist, desto größer ist das Repertoire an Bewegungsmustern, auf die man zurückgreifen kann. Alltägliche Bewegungsmuster werden automatisiert und brauchen nicht mehr bewusst durchgeführt werden.

- *Der Körperbegriff* umfasst das tatsächliche Kennen und Wissen vom eigenen Körper, den einzelnen Körperteilen, deren Funktionen und Zusammenwirken sowie die Vorstellung, die man von sich selbst hat – *Selbstbildnis.* Das Kind lernt bzw. weiß z. B.: »Ich habe zwei Arme.«

Das Wickeln eines Kindes bezieht dessen ganze Körperwelt mit ein. Somit gehört das Berührt- und Gewickeltwerden zu den allerersten Erfahrungen, die das Kind über sein Körperbewusstsein entwickelt und als wichtige Körpererfahrung abspeichert. Die Kinder können auf dem Wickeltisch ihren Körper entdecken, erproben und erfahren. In der Reggio-Pädagogik hängen z. B. Spiegel über dem Wickeltisch, um den Kindern einen besseren und anderen Blick auf ihren eigenen Körper zu ermöglichen.

Besonders wichtig ist für Sie als Erzieherin, dass Sie das Kind in der Wickelsituation als aktiven Partner akzeptieren und in ihm kein Objekt oder nur einen *kleines niedliches Püppchen* sehen. Beim Wickeln sollte sich das Kind aktiv beteiligen und die Möglichkeit haben, sich darauf zu konzentrieren, was mit seinem Körper geschieht. Für Sie bedeutet das, dass das Selbstbestimmungsrecht des Kindes immer gewahrt werden muss. »Möchtest du jetzt gewickelt werden?« und »Darf ich dich wickeln?« sind daher sehr wichtige Fragen. Auch sollte das Kind immer die Möglichkeit haben, sich die Person, die es wickelt, selbst auszusuchen. Denn Wickeln ist auch Beziehungszeit. Das Wickeln sollte angekündigt werden, denn ein Kind, das zum Wickeln unangekündigt aus dem Spiel gezogen wird, verliert sein Selbstbestimmungsrecht und geht nicht freudig in die Wickelsituation. Um das Selbstbestimmungsrecht des Kindes zu wahren, muss der Erzieherin bewusst sein, dass eine gute Balance zwischen Nähe und Distanz nötig ist. Kuscheln und Streicheln beim Wickeln ist zwar schön, zeigt das Kind aber eine ablehnende Reaktion, ist das zu respektieren. Psychologen haben im Körperbewusstsein die Wurzel des Selbstbewusstseins erkannt – ein gutes Körperbewusstsein ist die Voraussetzung für ein gestärktes Selbstbewusstsein!

---

6 www.nehrlich-ergotherapie.de/de/fachbegriffe_ergotherapie.php.

9.4 Wickelzeit ist Beziehungszeit

Voraussetzung für eine entspannte und stressfreie Wickelsituation ist eine vertrauensvolle Bindung und Beziehung zum Kind. In der Krippe gelingt dies in der Regel durch eine gute und erfolgreiche Eingewöhnung in die altersgemischte Gruppe. Neben der Eingewöhnung in die Kindergruppe ist darüber hinaus auch eine besondere und eigene Eingewöhnung für die Körperpflege und das Wickeln empfehlenswert. Am besten sollte die Erzieherin daher am Anfang nur zuschauen, wenn das Kind von der Mutter/dem Vater gewickelt wird. Dabei sollte sie langsam Kontakt zu dem Kind aufnehmen, z.B. durch ein liebevolles Gespräch, um Schritt für Schritt die Pflege des Kindes zu übernehmen. Sie sollten dem Kind immer wieder die Zeit geben, die es braucht, um sich von der Mutter/dem Vater zu lösen. Dieser sanfte Aufbau von Beziehung in einer sehr persönlichen und intimen Phase hilft, spätere schwierige Wickelsituationen zu vermeiden, da das Kind gelernt hat, auf Sie zu vertrauen.

Ohne einen guten Beziehungsaufbau ist eine gute Wickelsituation nicht möglich. Um Vertrautheit zu garantieren, sollte jedes Kind daher seine feste Bezugserzieherin haben.

Die Zeit am Wickeltisch ist sowohl für das Krippenkind als auch für seine Bezugserzieherin sehr wertvoll und kostbar. Im optimalen Fall ist es eine Zeit der Ruhe, Entspannung und körperlicher Nähe, in der das einzelne Kind im Fokus des Geschehens und der Aufmerksamkeit steht. Im turbulenten Tagesablauf mit seinen vielfältigen Verpflichtungen und Reizen kann das Wickeln zu einer besonderen Zeit für beide werden. Vielleicht die einzige Zeit am Tag, bei der man von einer 1:1-Betreuung sprechen kann. Es ist somit die Gelegenheit, um die Beziehung zwischen dem Kind und der Erzieherin zu festigen und zu stärken. »Sich von der Erzieherin wickeln zu lassen, ist ein Vertrauensbeweis, dessen sich die Erzieherin bewusst sein und deshalb mit größter Zugewandtheit agieren sollte.«[7] Es ist ein Wechselspiel von liebevoller Zuwendung und dem Zulassen von Nähe und Hautkontakt. Dies setzt ein Vertrauensverhältnis voraus, das behutsam aufgebaut und achtsam gepflegt werden muss.

Häufig konnte ich beobachten, dass Kinder die Ruhe im Wickelbereich sichtlich genossen. Es war wie eine kurze Verschnaufpause im Gegensatz zum lauten Gruppenraum mit den vielen anderen Kindern und Eindrücken. Mir war immer besonders wichtig, dass ich mit dem Kind ungestört

---

7 Haug-Schabel, G./Bensel, J. (2010): Kinder unter 3 – ihre Entwicklung verstehen und begleiten. Kindergarten heute kompakt. S. 20, Freiburg im Breisgau.

und wirklich allein sein konnte. Die nötige Zeit und Ruhe war für diesen kurzen *Wickeldialog* und die Beziehungsarbeit mit dem Kind sehr wichtig.

> Wie viel Zeit nehmen Sie sich für das Wickeln eines Kindes? Wie viel Zeit dürfen Sie sich nehmen? Beobachten Sie unter diesem Gesichtspunkten bitte Ihr eigenes Tun und das Ihrer Kolleginnen. Wie ist der Wickelraum gestaltet? Ist es dort schön warm und kuschelig? Wenn nein, warum nicht? Oder wickeln Sie vor einem Fenster zum Gruppenraum, sodass Sie alles im Blick haben, damit nichts Unrechtes passiert? Das Kind ist in solch einer Situation aber auch allen Blicken schutzlos ausgeliefert. Wie schützen Sie die Intimsphäre des Kindes und gestalten diese Beziehungszeit?

9.5 Hygiene

Eigentlich sollten wir als Frühpädagogen intuitiv, sanft und mit Empathie vorgehen, wenn wir uns einem Kleinstkind nähern, um es zu wickeln. Leider habe ich bereits ansehen müssen, dass dies in einigen Krippen im Alltagstrott nicht immer der Fall war. Es gibt immer noch Krippen-Pädagoginnen, junge sowie ältere Erzieherinnen, die das Wickeln eher nach Uhrzeit verabreichen oder routiniert abarbeiten. Bewaffnet mit Gummihandschuhen machen sie sich dann ans Werk. Wenn Sie in einer Krippe tätig werden wollen, gehört das Wickeln zu Ihrem Alltag dazu. Auch dann, wenn Sie in einer Kita arbeiten, die altersübergreifend aufgestellt ist. In keinem Rahmen-Hygieneplan wird vorgeschrieben, aus hygienischen Gründen mit Handschuhen zu wickeln, es sei denn, es liegt eine infektiöse Erkrankung vor. Von daher ist es Ihre persönliche Entscheidung, ob Sie Handschuhe tragen oder nicht. Es ist keine Pflicht. Es wird dennoch häufig, meist aus falsch verstandenen hygienischen Gründen, praktiziert. Zu bedenken gebe ich an dieser Stelle vielmehr, dass einige kleine Kinder vor Latexhandschuhen Angst haben können, da es sie vielleicht an einen Arztbesuch erinnert. Auch sollte sich jede von Ihnen einmal überlegen, ob Sie es schön fänden, mit Latexhandschuhen gestreichelt zu werden. Stellen Sie sich dieses Gefühl auf der Haut vor. Und? Ist es angenehm, so berührt zu werden oder eher unangenehm? Es liegt wirklich im Ermessen einer jeden Erzieherin, ob sie Handschuhe beim Wickeln tragen möchte oder nicht.

Wie sieht es bei Ihnen aus? Mit oder ohne Handschuhe? Wie ist Ihre persönliche Einstellung dazu? Horchen Sie bitte einmal in sich hinein. Welche Gefühle machen sich da gerade breit? Hinterfragen Sie bitte, wie das Wickeln in Ihrer Einrichtung praktiziert wird und diskutieren Sie auch mit Ihren Kolleginnen, welche Gründe für oder gegen Handschuhe beim Wickeln sprechen. Hin und wieder muss man bestimmte Dinge und Gewohnheiten infrage stellen und auf ihren Sinn hin überprüfen.

Unbedingt erforderlich ist eine gute und richtige Desinfektion der Hände. Es ist darauf zu achten, dass die wickelnde Person keinen Schmuck (Ringe, Uhren etc.) trägt und die Fingernägel kurz gehalten werden, damit einer Ansiedlung von Keimen entgegengewirkt wird. Außerdem beugen diese Maßnahmen auch einer Verletzung des Kindes beim Wickeln vor. Hände sind durch ihre vielfältigen Kontakte mit der Umgebung und anderen Menschen die Hauptüberträger von Infektionserregern.

So sollten Sie bei der hygienischen Händedesinfektion vorgehen:

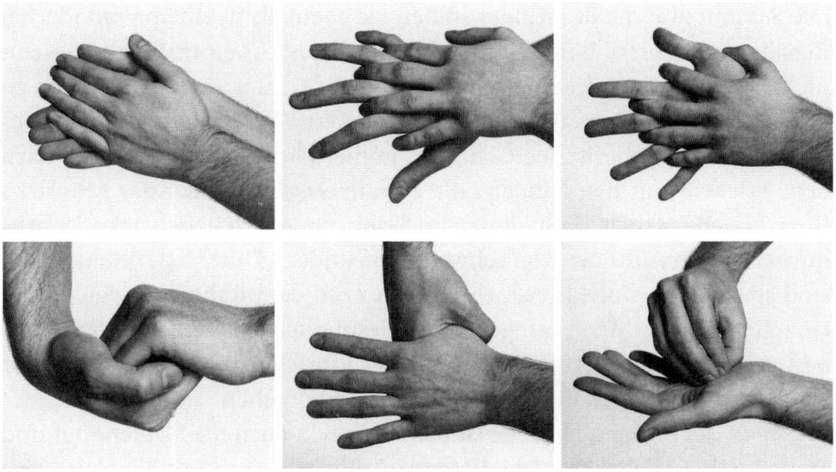

Abb. 2: Ablauf der richtigen hygienischen Händedesinfektion.[8]

8 Andreas, S. / Becker, C. (2009): Gesundheits- und Kinderkrankenpflege; Express Pflegewissen; S. 197; Stuttgart.

a) Desinfektionsmittel vor dem Waschen verwenden und zwischen den Handflächen verreiben.
b) Mit der linken Handfläche den rechten Handrücken und zwischen den Fingern einreiben …
c) … und umgekehrt.
d) Danach den Fingernagelbereich,
e) den Daumen und Nagelpfalz …
f) …sowie natürlich die Fingerkuppen nicht vergessen und ebenfalls desinfizieren.

Vor dem Wickeln sind die Hände grundsätzlich immer zu desinfizieren und danach erst zu waschen! Das Waschen dient dem Eigenschutz der Haut und dazu, die Kinder nicht mit dem Desinfektionsmittel an den Händen zu berühren.

Es versteht sich von selbst, dass nach dem Wickeln sichtbare grobe Verschmutzungen an den Händen mit Zellstoff oder einem Desinfektionstuch erst einmal zu entfernen sind.

Die gebrauchten Windeln sollten am besten in einem gut zu reinigenden und fest verschließbaren (Geruchsbildung!) Wickeleimer entsorgt werden. Die Schmutzwäsche des Kindes sollten Sie ebenfalls in einem gesonderten Behälter verwahren. Beide Behälter sind mindestens einmal täglich, wenn nicht gar zwei- oder dreimal, je nach Anzahl der zu wickelnden Kinder, zu leeren. Und natürlich sollten Sie bei größeren Wickelkindern, aus hygienischen und erzieherischen Gründen, immer darauf achten, dass Sie nach dem Wickeln mit den Kindern die Hände waschen. Auch das gehört zu Ihren erzieherischen Maßnahmen im Krippenbereich einfach dazu. (Warnhinweis: Beim Auftreten von schweren infektiösen Durchfallerkrankungen sind spezielle Desinfektionsmaßnahmen nach dem Rahmen-Hygieneplan einzuhalten bzw. Anweisungen vom Gesundheitsamt umzusetzen.) Am besten besprechen Sie mit der Leitung der Einrichtung, auf was Sie bei der Hygiene achten sollen und wie Sie am besten vorgehen.

Neben der eigenen Hygiene ist beim Wickeln auch die Hygiene auf und am Wickeltisch zu achten, da diese beim Wickeln auch mit den Ausscheidungen des Kindes in Berührung kommen kann. Eine gute Hygiene und richtige Desinfektion des Wickeltisches bzw. der Wickelunterlage ist daher für Sie zum Eigenschutz und vor allem zum Schutz des Kindes selbst wichtig. Der Wickeltisch muss daher gut zu reinigen und zu desinfizieren sein, d. h. abwaschbare glatte Flächen. Ferner müssen Sie die Wickelauflage nach jeder Benutzung desinfizierend reinigen und komplett trocknen lassen. Niemals darf ein Kind auf eine nasse, frisch mit Desinfektionsmittel gereinigte Wickelauflage gelegt werden, da sonst die Gefahr von Hautschäden, Vergiftungen und allergischen Reaktionen besteht. Auf die Desinfektion können Sie verzichten, wenn Einmalunterlagen verwendet und nach jeder Benutzung gewechselt werden.

Einige Kitas und Krippen verwenden auch Handtücher bzw. Wickeltücher als Auflage, diese müssen dann nach jeder Benutzung gewechselt werden. Bei einer Sprühdesinfektion ist auf eine ausreichende und entsprechend frühzeitige Desinfektion zu achten, um das Einatmen von Aerosolen zu vermeiden. Die Desinfektionslösung darf niemals in Reichweite der Kinder stehen. Ob Sprüh- oder Wischdesinfektion, die vom Hersteller angegebene Einwirkzeit muss immer beachtet werden. Wahrscheinlich gibt es in Ihrer Krippe aber auch einen Hygieneplan. Sprechen Sie Ihre Kolleginnen oder die Leitung darauf an und machen Sie sich mit den Vorschriften vertraut.

9.6 Ganzkörperbeobachtung beim Wickeln

Nur beim Wickeln oder Umziehen haben Sie als Erzieherin die Möglichkeit das Kind fast nackt zu sehen und können die Haut des Kindes betrachten und beurteilen. Beim Umziehen im Turnraum erhaschen wir Blicke auf Beine, Arme, Bauch und Rücken, aber der Windelbereich ist nur beim Wickeln (bei älteren Kindern um die drei Jahre nur beim begleitenden Toilettengang) einsehbar. Die Haut im Windelbereich wird extrem strapaziert und reagiert sehr schnell. Oft kommt es zu Rötungen oder Infektionen. Achten Sie beim Wickeln daher besonders auf diese Hautstellen. Ist die Haut gerötet, pickelig, entzündet oder sonst wie auffällig, sollten Sie die Eltern informieren, damit diese dann gegebenenfalls ihren Kinderarzt zurate ziehen können. Auch einige Kinderkrankheiten, wie z. B. Windpocken, Röteln, Dreitagefieber und Masern können mit einem Exanthem (Hautausschlag) im Genital- und / oder Bauchbereich beginnen. Seien Sie also wachsam, aber nicht übereifrig. Erfahrene Kolleginnen stehen Ihnen am Anfang sicherlich mit Rat und Tat zur Seite.

Interessant dürfte für Sie die Feststellung sein, dass »Säuglinge nicht schwitzen. Die Schweißdrüsen sind erst im Alter von 2–3 Jahren voll funktionstüchtig.«[9] Ist die Kinderhaut stark gerötet oder fühlt sich sehr

9 Andreas, S. / Becker, C. (2009): Gesundheits- und Kinderkrankenpflege; Express Pflegewissen; S. 113, Stuttgart.

warm an, könnte das gesunde Kind z. B. nur zu warm angezogen sein. Da gerötete, wunde Haut jedoch Schmerzen und Juckreiz verursacht und somit dem Wohlbefinden des Kindes schadet, sollten Sie auf angemessene Kleidung beim Kind achten. Eine wohlwollende und genaue Beobachtung ist immer auch als Missbrauchs- und Gewaltprävention zu sehen, denn nur während der Pflege haben Sie den freien Blick auf den ganzen Körper des Kindes. Bei Verdacht ist eine umfassende Untersuchung und Beurteilung der Gesamtsituation des Kindes von Fachleuten erforderlich, daher muss immer zuerst die Leitung involviert werden, bevor Sie Kontakt zu anderen aufnehmen. Auch hier gilt die Devise: Seien Sie wachsam, aber nicht übereifrig.

Der Wickeltisch ist ebenso ein optimaler Ort, um die motorischen, visuellen und auditiven Fähigkeiten sowie eventuelle Entwicklungsverzögerungen des Säuglings oder Kleinstkindes zu beobachten.

Beobachtet werden kann beispielsweise:

- Hebt das Kind auch in Bauchlage den Kopf?
- Kann es sich schon abstützen?
- Dreht es sich selbstständig?
- Greift es auch über die Körpermitte hinweg nach einem Spielzeug?
- Folgt es einfachen Handlungen und Anweisungen der Erzieherin?
- Hilft es beim Wickeln?
- Kann das Kind selbstständig sitzen?
- Kann es sich schon allein hochziehen?
- *Kommuniziert* das Kind mit der Erzieherin?

Solche Beobachtungen auf dem Wickeltisch sind wichtig und nötig bei der Dokumentation und Führung eines Entwicklungsbogens und bieten sich ebenfalls an, um über die Allerkleinsten kleine *Lerngeschichten* oder *Wickelgeschichten* für das Portfolio zu schreiben.

9.7 Wickel- und Lächeldialoge – Sprachförderung im Krippenalter

Ganz sicher gehört die Entwicklung der Sprache zu den wichtigsten Entwicklungsaufgaben, die von Kindern im Altersabschnitt Krippenkind (null bis drei Jahre) gemeistert werden. Die Sprachentwicklung beschränkt sich dabei nicht nur auf das gesprochene Wort, sondern umfasst auch alle anderen Kommunikationsmöglichkeiten, die sich bei den null- bis dreijährigen Kindern entwickeln. Kinder sind von Geburt an in der Lage, zu ihrer Umwelt Kontakt aufzunehmen und Botschaften zu senden und zu empfangen. »Ich habe Hunger!«, »Ich fühle mich nicht gut.«, »Ich bin müde.«, »Hey, das macht Spaß!«, »Das kitzelt!« – diese und viele weitere Empfindungen können schon kleine Kinder nach außen vermitteln. Sie lächeln, quengeln, schreien, seufzen oder brabbeln vor sich hin und drücken damit aus, was gerade in ihnen vorgeht.[10]

Sie als Bezugserzieherin sollten beim Wickeln daher auf die kleinsten Äußerungen des Kindes achten und eingehen. Nur wenn das Kind Interesse spürt und merkt, dass der Erziehende ihm interessiert zuhört, versucht es, zu verstehen und wird weiterhin motiviert, in Kontakt zu bleiben und zum aktiven *Gesprächspartner* zu werden. Dabei setzt das Kind all seine Kompetenzen und Möglichkeiten ein. Es benutzt den eigenen Körper, die Mimik, Gestik und seine eigene Sprache, das Lallen, Brabbeln oder die ersten Worte, um zu kommunizieren. Bei sehr jungen Kindern müssen Sie sehr häufig interpretieren, was gemeint ist. Das ist immer wieder eine Herausforderung, da Sie sich auf die Sprache und Kommunikation der Allerkleinsten einlassen müssen. Es wird Ihnen immer dann gelingen, wenn Sie sich in die Kommunikationswelt der Kleinen hineinbegeben und darauf vertrauen, dass hinter den Äußerungen der Kinder echte Absichten und Anliegen stecken, die sie versuchen Ihnen mitzuteilen.

Bei älteren Kindern hingegen steht der Dialog, ein Frage- und Antwortspiel im Mittelpunkt. Dazu gehören das Benennen der einzelnen Körperteile und Kleidungstücke, der Pflegeutensilien und der Empfindungen des Kindes sowie das ein oder andere Lied, welches die Wickelsituation begleitet. Eine klare Kommunikation, in der die Erzieherin Sprache im Kontext des Wickelgeschehens vermittelt und diese mit ihren Handlungen unterstützt, ist wichtig.

Sie sollten die Kinder zu Reaktionen und Kommunikation auffordern, indem sie Fragen stellen wie: »Darf ich dich jetzt wickeln? Geht es dir gut? Möchtest du eine neue Windel haben? Wo ist denn dein Bauch?« und Aussagen tätigen wie: »Schau einmal die Creme hier, riech doch mal wie sie duftet. Hier, halt einmal das Höschen, so und nun müssen wir den Popo sauber machen.«

Jede Handlung kann während des Wickelvorganges sprachlich begleitet werden, da sich jede Wickelsituation immer für anregende Sprachangebote anbietet. Es geht um die alltäglichen Kleinigkeiten und Situationen,

10 Mienert, M. / Vorholz, H. (2009): Kleine Kinder – große Schritte. S. 58, Troisdorf.

die durch sprachliche Begleitung zur Wortschatzbildung beitragen und so mehr und mehr zur echten Kommunikation reifen. Für die sprachliche Entwicklung des Kindes ist es wichtig, dass sich beide, Erzieherin und Kind, auf die jeweilige Situation einlassen. Auch das ist eine Voraussetzung für einen guten Beziehungsaufbau.

Natürlich sollen Sie nicht unentwegt daherplappern. Ihre sprachliche Begleitung sollte auch nicht als Ablenkung eingesetzt werden, damit das Kind schneller gewickelt werden kann. Vielmehr stehen die *Lächeldialoge*, der warme und herzliche Blickkontakt sowie die sprachliche und spielerische Begleitung der Handlungen im Fokus, die das Kind einladen, sich kommunikativ zu beteiligen und so seine Sprache wecken und herausfordern. Viele Kinder, die innerhalb der Gruppe eher still sind, beginnen oft auf dem Wickeltisch zu erzählen, da sie die vertrauensvolle Präsenz und intime Situation mit der Bezugserzieherin genießen.

> Welche sprachlichen Rituale haben Sie schon kennengelernt und setzen Sie ein? Was hat sich bewährt? Kontaktieren Sie andere Erzieherinnen und tauschen Sie Erfahrungen bezüglich der Pflege- und Wickelsituation aus. Was ist hilfreich, was eher hinderlich oder störend? Was verboten? Stellen Sie sich ein kleines Repertoire an Fingerspielen und Liedchen zusammen, auf die Sie je nach Situation oder Kind zurückgreifen können, um die Wickelsituation anregender zu gestalten.

9.8 Sinneserlebnisse auf dem Wickeltisch

Das gesunde Kind wird mit einem intakten Sinnessystem geboren. Es kann sehen, hören, schmecken, riechen und tasten.

Die Funktionsfähigkeit der Sinne wird aber erst durch ihre ständige Inanspruchnahme verbessert. Insbesondere die Verbindung verschiedener Sinneserfahrungen, die Integration der Sinne, kommt erst durch tägliches Üben zustande. Alle Sinne müssen »benutzt« werden, um zu funktionieren. Wenn sie nicht oder nur einseitig eingesetzt werden, stumpfen sie in ihrer Empfindungsfähigkeit ab.“[11]

---

11 Zimmer, R. (2011): Kleinstkinder in Kita und Tagespflege. Themenheft: Sinnliche Wahrnehmung, S. 7, Freiburg.

Die Grundlage der Wahrnehmungsentwicklung bilden das Tasten, die Körper- und Bewegungswahrnehmung sowie das Gleichgewichtsempfinden. Während des alltäglichen Wickelns des Säuglings und Kleinstkindes werden wichtige Sinne immer wieder angesprochen. Lassen Sie Raum und Zeit für diese Sinneseindrücke, indem Sie das Kind entsprechend stimulieren. Kleine Bürstchen, besondere Federn oder weiche Pinsel bieten sich hierfür an. Unterschiedlich raue oder weiche Waschlappen und Handtücher, Pflegeprodukte und Wasser ermöglichen Sinneswahrnehmungen und ureigene Erfahrungen. Denn

> [...] dicht unter der Haut sitzen die Tastkörperchen: kleine Zapfen, in denen sich empfindliche Nervenzellen befinden. Wenn sie einen leichten Druck verspüren – bei Berührung der Haut – erzeugen sie winzige elektrische Signale. Es wird über die Nervenbahnen zum Gehirn geleitet: Jetzt wird einem bewusst, dass man eine Berührung fühlt. Das Gehirn erkennt auch sofort, wie stark die Berührung ist und von welcher Stelle des Körpers das Signal kommt.[12]

9.10 Das Handling – die sanften Handgriffe

Der Neurologe und Psychiater Karel Bobath und seine Frau Bertha Bobath (Physiotherapeutin) entwickelten schon in den vierziger Jahren ein ganzheitliches krankengymnastisches Therapiekonzept für Schlaganfallpatienten. Diese Patienten mussten viele Bewegungsabläufe neu erlernen und sollten durch dieses Therapiekonzept darin unterstützt und gefördert werden. Schon früh wurde dieses Konzept auch in der Pädiatrie eingesetzt, um entwicklungsverzögerten Frühgeborenen, Säuglingen und Kindern zu helfen. Achtung, verstehen Sie mich an dieser Stelle bitte nicht falsch. Sie sollen das Wickeln des Kindes nicht als therapeutische Maßnahme oder Krankengymnastik verstehen. Aber wer zukünftig in einer Krippe arbeiten möchte und noch nie ein Baby gewickelt hat, ist vielleicht froh, wenn er einige Tipps zum richtigen Handling erhält.

Aber zunächst noch mal zurück zu Bobath: Ein wichtiger Bestandteil seines Konzeptes ist das Handling. Damit ist die tägliche Handhabung des Kindes durch besondere Grifftechniken gemeint, z. B. beim Tragen, Füttern und auch beim Wickeln. Bobath definiert seine Ziele und den Zweck des *Handlings* selbst wie folgt:

12 Zimmer, R. (2010): Handbuch der Sinneswahrnehmung. S. 104 ff., Freiburg.

Dem Kind soll das Gefühl für möglichst physiologische Haltungs- und Bewegungsabläufe ermöglicht werden, dass diese Abläufe dem Kind vertraut werden und es sie für sich übernehmen kann. Ziel dabei ist das Ermöglichen von individuell bestmöglicher Selbstständigkeit im Handeln in Bezug auf die dafür erforderlichen Haltungen und Bewegungen. Diese therapeutischen Maßnahmen unterstützen in unterschiedlichen Kombinationen die individuellen Alltagshandlungen, die das Kind gestaltet. Ziel ist es dabei über das Gefühl für individuell bestmögliche Haltungs- und Bewegungsabläufe eine aktive Haltung und Bewegung zu ermöglichen und motorisches Lernen zu ermöglichen. Handling erfolgt grundsätzlich unter Beachtung der Interaktion zwischen Bezugsperson und Kind, der Wahrnehmungsfähigkeit des Kindes und der Bezugsperson, sowie deren Möglichkeiten am Therapieprozess teilzunehmen. Handling ist am ehesten erfolgreich, wenn das Wohlbefinden des Kindes und seiner Bezugsperson beachtet wird.[13]

Das Handling nach Bobath beinhaltet viele medizinische Aspekte, aber ebenso frühpädagogische Schwerpunkte. Das Kind soll seinen eigenen Körper erfahren und spüren. Das ist Wahrnehmungsförderung. Die Beziehung zwischen der Bezugsperson und dem Kind soll durch gemeinsames Tun gefestigt werden, also Beziehungspflege. Alltägliche Bewegungen sollen gefördert, gefestigt und richtig gelernt werden, also motorisches Lernen. Das Kind soll in seiner physiologischen Bewegungsentwicklung unterstützt werden, also Entwicklungsförderung / *Facilitation* (Anbahnung von physiologischen Bewegungen). »Man gibt somit dem Kind die Möglichkeit, in einer normalen Entwicklung und den sich entwickelnden normalen Haltungsmustern und der entsprechenden Muskelentwicklung sich selbst zu erleben.«[14] Dies hat einen entscheidenden Einfluss auf die Entwicklung des Körperbewusstseins.

In der Physiotherapie-, Kinderkrankenpflege- und Hebammenausbildung wird jede Schülerin im Handling ausgebildet. Auch junge Eltern lernen schon im Geburtsvorbereitungskurs oder kurz nach der Geburt ihres Kindes die Handgriffe. Es handelt es sich dabei um einfache Grifftechniken, die schnell zu erlernen sind, um den normalen physiologischen Bewegungsablauf nachzuahmen.

Die Grundprinzipien des Handlings nach Bobath beim Wickeln:

---

13 http://www.physiopaed.de/bobath.htm (Stand: 06.05.2011).

14 Zukunft-Huber, Barbara (1982): Baby-Gymnastik. S. 13; Stuttgart.

- Keine hastigen Bewegungen, um dem Kind genügend Zeit zu geben, sich auf die Lageveränderung einzustellen.
- Das Kind wird möglichst fließend ohne ruckartige Bewegungen bewegt.
- Beide Körperseiten sollten gleichermaßen gefordert werden, z. B. das Hochnehmen abwechselnd über die rechte und linke Seite. Hat das Kind eine ›Lieblingsseite‹, ist es natürlich sinnvoll, gerade die ›unbeliebte‹ Körperseite stärker zu fördern.
- Um die Bewegungen beim Kind einzuleiten, sind die Hände der Erzieherin am Rumpf des Kindes oder rumpfnah und nicht an seinen Extremitäten anzusetzen. So wird kein Zug auf die empfindlichen Gelenke ausgeübt.
- Wichtig: Soviel Unterstützung wie nötig – so wenig wie möglich!
- Beim Wickeln wird das Kind sanft hochgehoben und nicht an den Füßen hochgezogen. Man fasst den Oberschenkel des entfernten Beines an – dabei hält man mit dem Handrücken bzw. dem Unterarm das andere Beinchen automatisch hoch (vgl. Abb. 3).
- An- und Ausziehen: Die Hand der Erzieherin greift diagonal durch das Armloch den Arm des Kindes am Handgelenk und zieht dann den Ärmel hoch, dabei liegt das Kind auf der Seite. Der andere Ärmel wird genauso angezogen (Hosenbeine genauso). Um den Pullover über den Kopf zu ziehen, wird der Kopf in Beugung gehalten, das Kleidungsstück wird von hinten nach vorne über den Kopf gezogen.
- Bei der Drehung des Kindes auf der Wickelunterlage ist eine Hand zur Stabilisation an der Hüfte – die andere Hand stützt das Kind im Bauchbereich (vgl. Abb. 4).

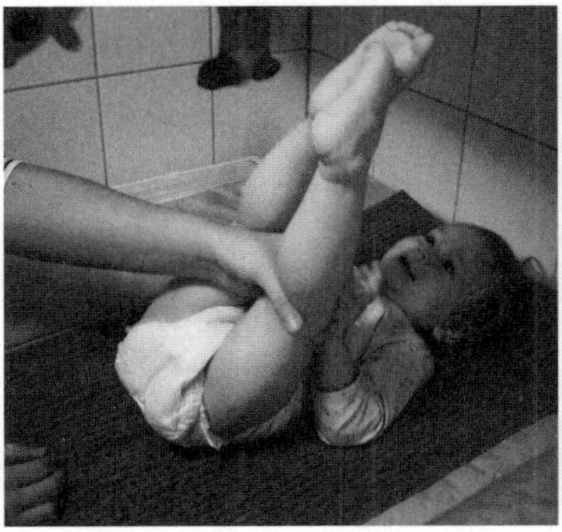

Abb. 3:[15]

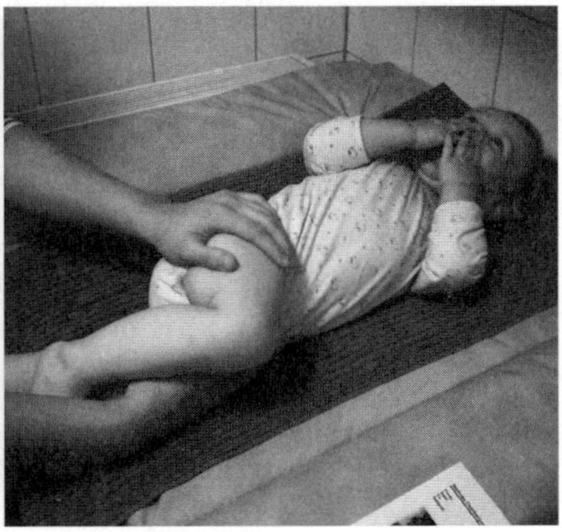

Abb. 4:[15]

15 Andreas, S. / Becker, C. (2009): Gesundheits- und Kinderkrankenpflege; Express Pflegewissen; S. 182, Stuttgart.

- Das Kind wird mit einer Drehung über die Seite hochgenommen oder abgelegt, ebenso beim An- und Ausziehen. Durch die Drehung wird ein Überstrecken von Kopf und Rumpf verhindert (vgl. Abb. 5).

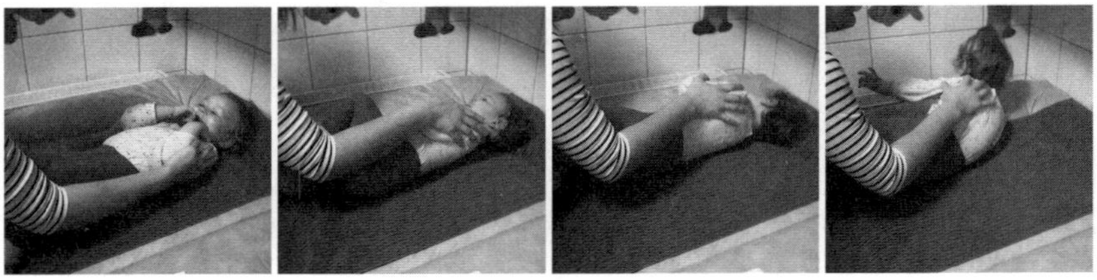

Abb. 5:[16]

9.11 Kleine Wickelkunde

Bevor Sie ein Kind ganz gleich welchen Alters wickeln, muss der Wickeltisch entsprechend vorbereitet werden. Alle nötigen Utensilien, wie Pflegeprodukte, Waschutensilien, Windeln und Kleidung müssen bereitliegen. Sind alle Utensilien, die man zum Wickeln benötigt, in greifbarer Nähe, verlieren Sie später auch in keinem Moment den Kontakt zum Kind. Immer die Hand am Kind zu lassen ist gleichzeitig als Unfallprävention zu sehen. Das Kind darf niemals unbeaufsichtigt auf dem Wickeltisch sein.

Die Einwegwindeln gibt es in alters- und gewichtsabhängigen Größen. Wichtig ist die richtige Passform, damit sie nicht am Bauch oder den Beinen einschneiden. Sitzt die Windel zu eng und schnürt ein, fühlt sich das Kind unwohl und es kann zu Druckstellen und wunden Stellen führen. Als Richtwert: Passt der Zeigefinger zwischen den Windelbund und dem Bauch des Kindes sitzt die Windel richtig. In den meisten Fällen stellen Eltern der Krippe auch eigene Windeln in der richtigen Windelgröße in entsprechender Anzahl zur Verfügung.

Beim Säubern der Scheide achten Sie bei Mädchen bitte darauf, dass die Scheide immer von vorne nach hinten (zum Anus) gereinigt wird, da ansonsten Darmbakterien zu aufsteigenden Infektionen führen können. Die Schamlippen werden nur bei Bedarf vorsichtig gereinigt, wenn sie z. B. mit Stuhl beschmutzt sind.

Beim Jungen (im Säuglingsalter) wird die Vorhaut nicht zurückgeschoben. Ansonsten besteht die Gefahr, dass man kleine Risse in der Vorhaut

16 Ebd.

verursacht, die zu einer Vorhautverengung (Phimose) führen könnten. Erst später, wenn die Jungs selbst ihre Vorhaut spielerisch während der Pflege zurückziehen, kann sie bei Bedarf vorsichtig zur Reinigung zurückgezogen werden. Wichtig bei den kleinen Jungs: Den Penis in der Windel *ablegen*, d. h. er sollte nach unten zeigen. So läuft die Windel nicht so schnell aus. Generell sollten Sie bei Säuglingen und Kleinstkinder bei der Pflege besonders auf die Hautfalten (z. B. an den Leisten oder die Speckfältchen am Bauch und an den Beinchen) achten, da diese leicht wund werden.

Erobern Sie den Wickeltisch als ersten Lernort und nutzen Sie die Chancen, die darin wohnen.

Zum Weiterlesen

Anders, W. / Weddemar, S. (2002): Häute schon berührt? Körperkontakt in Entwicklung und Erziehung. Dortmund

Andreas, S. / Becker, C. (2009): Gesundheits- und Kinderkrankenpflege (2009): Express Pflegewissen; Stuttgart

Ayres, J. (1992): Bausteine der kindlichen Entwicklung. Die Bedeutung der Integration der Sinne für die Entwicklung des Kindes. Berlin

Biermann, I. (2011): Alle Sinne aufgewacht. Wahrnehmungsspiele für Kinder unter 3 Jahre. Freiburg

Gonzales-Mena, J. / Widmeyer-Eyer, D. (2007): Säuglinge, Kleinkinder und ihre Betreuung, Erziehung und Pflege. Freiburg

Haug-Schnabel, G. / Bensel, J. (2010): Kindergarten heute kompakt: Kinder unter 3 – ihre Entwicklung verstehen und begleiten. Freiburg

Merz, Ch. / Schmidt, H. W. (2008): Lernschritte ins Leben. Freiburg

Mienert, M. / Vorholz, H. (2009): Kleine Kinder – große Schritte. Troisdorf

Montagu, A. (1990): Körperkontakt. Die Bedeutung der Haut für die Entwicklung des Menschen. Stuttgart

Mösch, B. (2005): In Gelassenheit lernen. Körperlichkeit und Beziehungsfähigkeit als Grundlage für integrative Lernprozesse. Dortmund

Pikler, E. et al. (2008): Miteinander vertraut werden. Freiamt

Wessel, M. / Vom Wege, B. (2011): Zehn flinke Zappelzwerge. Fingerspiele für Kinder. Freiburg

Wilmes-Mielenhausen, B. (2006): Wahrnehmungsförderung für Kleinkinder. Freiburg

Zimmer, R. (2006): Handbuch der Sinneswahrnehmung. Grundlagen einer ganzheitlichen Bildung und Erziehung. Freiburg

Nachwort

Man sollte Kinder lehren, ohne Netz auf einem Seil zu tanzen, bei Nacht allein unter freiem Himmel zu schlafen, in einem Kahn auf das offene Meer hinaus zu rudern. Man sollte sie lehren sich Luftschlösser statt Eigenheime zu erträumen. Nirgendwo sonst als nur im Leben zu Haus zu sein, und in sich selbst Geborgenheit zu finden.

H. H. Dreiske

Die Qualitätsdiskussion und die dynamischen Reformprozesse im System der Kindertagesbetreuung wird mit Sicherheit noch eine ganze Zeit anhalten und dazu führen, dass vieles verändert und neu gedacht werden wird. Bislang wurde sie einerseits durch fachliche Entwicklungen und dialogische Prozesse und andererseits auch durch gesellschaftliche Veränderungen und wissenschaftliche Forschungen seit vielen Jahrzehnten beeinflusst. Natürlich auch durch die Menschen, die unmittelbar auf Erziehungsprozesse und die Qualität in den Einrichtungen Einfluss nehmen. Dies hat zum einen neue Schwerpunkte und Grundlagen geformt und zum anderen das Bild vom Kind sowie die Vorstellungen von kindlicher Entwicklung maßgeblich beeinflusst. Die Bedürfnisse und Fähigkeiten der Kinder von null bis sechs Jahren prägen die Debatten und Entwicklungen rund um das Thema Kind, die daraus abgeleiteten Erziehungsziele und Praktiken sowie die konkrete pädagogische Praxis in Kindertageseinrichtungen. Dies lässt Raum und macht Mut für eine sinnvolle Neujustierung.

Die Vielfalt an pädagogischen Ansätzen, die sich geprägt von den Entwicklungen der letzten Jahrzehnte entwickeln konnten, zeigen auf, dass wir heute zwar eine Vielfalt an unterschiedlichen Motivationen vorfinden, sich jedoch eine Sichtweise entschieden durchgesetzt hat. Das Kind ist ein *aktiver Lerner* und Subjekt seiner eigenen Entwicklung. Natürlich haben Umweltbedingungen ebenso wie die verschiedenen Erziehungsstile und Ziele Einfluss auf die kindlichen Entwicklungsprozesse, aber die aktive Teilhabe des Kindes an der Aneignung von Wissen und dem Vorantreiben seiner eigenen Entwicklung ist von immenser Bedeutung.

Nutzen Sie das Wollen der Kinder und ergänzen Sie es mit Ihrem Können. Seien Sie mutig, beherzt und innovativ. Trauen Sie sich etwas zu und vertrauen Sie auf Ihre Motivation und Tatkraft. Nur so lässt sich etwas bewegen. Entwickeln Sie Mut und Neugier für neue Wege und gestalten Sie erfolgreich Veränderungen. Nach dem Motto: Lieber auf neuen Wegen stolpern, als auf ausgelatschten Pfaden auf der Stelle treten. Entwickeln Sie Ihr Potenzial und leben Sie Ihre Möglichkeiten.

Lassen Sie sich nicht entmutigen durch die ewig Nörgelnden oder alles besser Wissenden. Seien Sie unbequem und hinterfragen Sie alles, was Ihnen wichtig ist. Alte Denkmuster und Strukturen ändert man nur dadurch, dass man sich auf sie konzentriert und an ihnen arbeitet. Denken Sie positiv! Vertrauen Sie auf den Prozess. Kontrollieren Sie Ihr eigenes Denken und Ihren Sprachgebrauch und geben Sie das Bedürfnis auf, zu urteilen und alles in gut oder schlecht zu justieren. Das Leben ist so spannend und interessant, bewerten Sie es nicht ständig. Seien Sie nicht darauf aus, perfekt zu sein. Fehler gehören zum Leben und vor allem beim Start in einen Beruf dazu. Seien Sie geduldig mit sich selbst und würdigen Sie Ihre Erfolge! Sagen Sie nein, wenn Sie nein meinen und ja, wenn Sie ja meinen. Beschweren Sie sich nicht, versuchen Sie lieber etwas zu verändern. Vertrauen Sie darauf, Ihr Ziel zu erreichen und seien Sie offen für Menschen, Ideen und Entwicklungen.

Wir stehen im Leben, mit unseren Augen und Ohren, der Nase, der Haut, dem Mund und unserem Verstand. Wir erleben, entdecken, begreifen und verstehen unsere Umwelt. Viele dieser Eindrücke und Erfahrungen sammeln sich im Kopf, andere wiederum finden Ihren Weg in unser Herz. Lassen Sie Erfahrungen zu und setzen Sie sich ein für Ihre Ideale, mit Leidenschaft und Verstand. Dabei erkennen Sie vielleicht, dass vieles im Gegensätzlichen liegt. Erfolgreiche Erzieherinnen wissen, dass sie sich jeden Tag aufs Neue orientieren und auf Veränderungen einlassen müssen. Nichts ist so beständig wie die Veränderung. Seien Sie Forscher und Entdecker, bereit immer wieder dazu zu lernen. Das kann spannend und herausfordernd sein, denn jede Situation birgt eine neue Chance, vorausgesetzt wir können und wollen sie auch wirklich sehen.

Sehen Sie in Ihrem Beruf mehr als nur einen Job. Sehen Sie in ihm Ihre Berufung und füllen Sie diese mit Leben. Seien Sie die Veränderung, die Sie sich für diesen Beruf wünschen. Nutzen Sie jeden Tag als neue Chance. Es lohnt sich!

Wann, wenn nicht jetzt? Wo, wenn nicht hier? Wer, wenn nicht wir?

John F. Kennedy